改訂新版

女の相続

SIX STORIES

本郷 尚

女の相続　SIX STORIES

もくじ

小夜子　人は石垣　3
陶子　ダイヤモンドが輝くとき　35
多美　残された大学ノート　71
昌子　芝桜のように　111
美智子と陽子　夜明け前　139
藍　のれん《ブランド》　187
●特別対談　230

小夜子

人は石垣

二十八年前の暑い日に、夫になる人に連れられて、小夜子は加賀野家の長屋門を初めてくぐった。横浜・山手のマンションに育った小夜子は、黒々とした板塀や大仰な長屋門に囲まれた屋敷のたたずまいに得体の知れない不安を感じた。打ち水をした庭も玉砂利を敷き詰めたアプローチにも、並々ならない気配りと労力が注がれていることが感じられる。

啓介の大きな背に隠れるように身を縮めていた小夜子を迎えたのは、予想に反して目尻に笑いじわを刻んだ気さくな感じの中年の婦人だった。

「まあ、暑いところを大変だったでしょ、とにかくお上がりなさいな」

啓介の母は台所仕事でもしていたのか、濡れた手を前掛けでぬぐいながらふたりを座敷に案内し、扇風機のスイッチを入れると、

「何か冷たいものでも持ってくるから」と奥に消えた。

「まったくあわただしいなあ、母さんは」

啓介は小夜子を見て苦笑いした。

「いいえ、とても感じのいいお母様だわ」

それは小夜子の本音だった。

格式張った加賀野家のなかで、初めてほっとできるものに出会った思いがした。むしろ下町が似合いそうな啓介の母、佳子が「加賀野の家は佳子さんで持っている」と噂される賢夫人であることを知ったのは、それからずっと後のことだ。


啓介の家は東京近郊の大地主で、高度成長期のベッドタウン開発の波に乗って資産を増やした。

飲んだ席で、同僚が啓介に向かって、

「加賀野は資産十数億円のおぼっちゃんだからさ、いずれは家を継ぐんだろ。一生サラリーマン暮らしの俺たちとはしょせん考え方が違うよ」

と、羨望と哀れみが入り交じった口調で言ったことがあった。

実際、それは誇張ではなく、堅実な父、裕一郎の手腕で加賀野家の資産は年々膨らんでいた。ただ、そこいらの成金と違うところは、昔からの旧家として代々街の発展や文化事業に力を尽くしてきたことだ。

加賀野家の地域への貢献は地元の人々が皆認めるところで、裕一郎が選挙に立てば当選間違いなしと言われていた。若い頃から市会議員や県会議員にも随分推されたと聞くが、その都度、「任ではない」と固辞してきた。そうした謙虚な態度がますます裕一郎と加賀野家の名声を高めることになった。


小夜子は世田谷で生まれた。中学校からは横浜・山手のマンションで、父、母、弟と共に、開放的な横浜の空気を吸ってのびのびと育った。

父は大手家電メーカーの部長で、単身赴任が長かったためか、ひとり娘には大層甘い。父が母に隠れてこっそり与える小遣いは、ミハマの靴やキタムラのバッグに変わった。放課後や休日はハマトラファッションで決め、陽気な仲間たちと映画やショッピングやおしゃべりに興じたものだ。

父が娘に甘い分、しっかり者の母が厳しかった。

「女といってもこれからは自立できるようにしなけりゃね」が口癖だ。

その影響を受けた小夜子は、自然にお茶やお花といった習い事より、英会話やスイミングスクールが好きな活発で利発な娘に育った。

「女の子だから短大がいいだろう」

という父に真っ向から反対し、四年制大学への進学を勧めたのも母だ。

お嬢様学校として知られるF女学院に進学したのは、そんな父と母の妥協の産物といっていい。

もともと成績はよかったから、受験だからといって特にあわてることもなく希望校に合格した小夜子のことを、母の友だちは口々に「しっかりとしたいいお嬢さんねえ」とうらやんだ。際だった美人ではないが、好もしい顔立ちとおっとりとした立ち居振る舞いが人を惹きつける娘だった。

小夜子が大学二年のとき、母の勧めもあって、一年余りイギリス人の家庭にホームステイし、得意の英語に磨きをかけた。

初めての外国だったが、ホストファミリーのダッジ一家は、無邪気で明るい東洋娘を「私たちの大事な末娘」といって可愛がり、小夜子のほうも精いっぱいその愛情に応えた。

特にミセス・ダッジは「あなたは私の初めての女の子よ」と大歓迎して、数々の料理と英国流の家事を教えてくれ、ミスター・ダッジは休日になると釣りを教えてくれた。三人のハンサムな息子たちもいろいろなパーティーに誘ってくれた。小夜子は別れの日、こっそり編んでいたネーム入りのミトンをみんなにプレゼントし、キスと涙で見送られた。わずか一年間だったのに、帰国するときは本当に別れが辛くて、飛行機のなかでも涙がとまらなかった。

ダッジ一家とはいまでも文通が続いている。


加賀野啓介と知り合ったのは、就職した大手広告代理店だ。

業界ナンバー2のその会社は万事派手好みな社風で、学生にも人気が高い。小夜子は秘書室に配属され、入社一、二年は仕事を覚えることに夢中だった。しかし、当時の大企業には、女性の能力を伸ばそうという意識は希薄だった。

先輩女子社員たちは、いかにもキャリアウーマン然としたファッションで身を固めていたが、やっていることは新人女子社員とたいして変わらない。頭の芯まで使うような仕事は、いくらキャリアを積んでも女子社員には回ってこないことがだんだんわかってきた。

結局のところ、当時のＯＬはあくまでも職場の花でしかなく、ちやほやされているうちに有望株を捕まえて寿退社するか、上司の嫌味を乗り越えてお局《つぼね》様になるか、どちらかだった。

アフターファイブに、いつも銀座や六本木に繰り出す同僚に誘われて遊びもしたが、どこかむなしさが残る。小さくてもいいから語学を活かせるような会社に転職しようか、翻訳か通訳の勉強をし直そうかなどと迷っていたとき、たまたま誘われた営業企画部の飲み会で、啓介に知り合った。

「小さい夜の子で小夜子さんですか。なんかミステリアスな名前で、僕は好きだなあ」

自己紹介の後で、啓介はそう言って微笑んだ。

自己主張の強い営業企画の男たちの中で、啓介はいつも一歩引いていた。しかし、小夜子には聞き上手で穏やかな笑顔を持った啓介がとても大人びて見えた。知り合った翌日にさっそくデートの誘いをかけてくる手合いの多い中で、啓介は社内でも会釈するだけというのもかえって好ましかった。

秘書というだけで近づいてくる男も多かったから、潔癖な小夜子は社内の男性とは努めて距離をおくようにしていた。

そんなわけで、「いい子なんだけどなあ、なんか話しかけにくいよなあ」というのが、社内の男性たちの共通した小夜子評だった。


「小夜子さん？」

横浜駅の改札口で呼び止められて振り返ると、加賀野啓介だった。

「やっぱりそうだった」

白いポロシャツにチノパン、テニスバッグを肩に掛けた啓介が額に汗を浮かべて、息を弾ませている。

「反対側のホームで後ろ姿を見かけて、もしやと思って追いかけて来たんですよ。いやあ、うれしいなあ、こんな所で会えるなんて。テニスの試合も勝ったし、今日は最高だなあ。どうです？　お茶か食事でもしませんか？　断らないでほしいな、こんなに一生懸命追いかけて来たんだからね」

と言うと、日に焼けた顔をほころばせた。その笑顔につられて、小夜子は食事につき合った。大学時代のテニス同好会の仲間と、今でも月に一度集まって汗を流しているという。

「まあ、学生時代からたいして強くはなかったから、今でもお遊び程度なんだけどね。ウィンブルドンが始まると、いつもは来ない連中まで出てきてさ、自称ボルグや自称マッケンローというずうずうしいやつらが練習そっちのけで、試合だ、試合だと騒ぐもんだから」

「加賀野さんはボルグなの、それともマッケンロー？」

「嫌だなあ、僕はＫ大のコナーズと呼ばれてましたよ」

小夜子がぷっと吹き出すと、啓介も笑いながら、

「ああ、笑った、笑った。小夜子さんは会社ではいつもくそ真面目な顔をしているから、なかなか声をかけにくかったんだ。アイスドールのクリス・エバートみたいだって思ってたんだ」

「あら、私はナブラチロワのほうが好きよ。彼女のサーブとボレーは芸術品だと思いません？」

小夜子の父と母はテニスが大好きで、小さい頃からテニスを教わったし、今でもウィンブルドンが始まると家族全員が寝不足になる。

テニスの話ですっかりうち解けたふたりは、時のたつのも忘れてテニス談義で盛り上がった。帰り際、啓介は次のＯＢ会の練習に誘った。

それをきっかけに小夜子のテニスが復活した。突然、またテニスを始めると言

い出した娘を、両親も弟も「どうした風の吹き回しやら」とからかったが、テニスクラブに通っている母は、喜んで練習相手になってくれた。

啓介が言ったように、ＯＢ会のメンバーは腕より口がたつほうだったが、初めて参加した小夜子を気軽に迎え入れてくれた。

母との練習でだいぶ勘を取り戻していた小夜子は、参加初日から「筋がいい」とか「基本ができている」と皆にベタ誉めされ、すっかり気をよくした。大学を卒業してからスポーツから遠ざかっていたのだが、夢中になって白球を追っていると、汗と一緒に社会の垢が剥がれ落ちていくようで爽快だった。

啓介は、その日、頬を紅潮させて無心に白球を追う小夜子から目が離せなかった。以前から惹かれるものがあってテニスに誘ったのだが、見かけによらず小夜子のストロークは男性的で力強く、ボレーにも躍動感があった。

啓介は目を見張った。

テニスをきっかけに、ふたりは仕事が終わってからも時々会うようになった。

啓介は、いつも小夜子の話をなんでも面白そうに聞いてくれる。いまの仕事の物足りなさや語学を活かした仕事がしたいといったことも、啓介には包み隠さず話した。後から冷静に思い出してみると、ニコニコして相づちを打っているだけで、アドバイスらしいアドバイスをもらったことはない。しかし、啓介に話すことによって自分の考えが整理され、自然に答えが出てくるのだった。

休日のテニスやデートを重ねるうちに、社内にふたりの噂が広まった。

資産家の息子で、誰にも優しい啓介は女子社員になかなか人気がある。小夜子は知らなかったが、営業企画の同僚や同期のなかにも積極的にアプローチしていた人がいたらしい。

まだ、キスもしていない仲なのに、小夜子は女子社員の嫉妬の嵐にさらされた。否定すればするほどまわりは騒いだ。これほど嫉妬されたり、ひやかされたり、うらやまれたりしなければ、あるいは優しい先輩としか思わなかったかもしれない。しかし、小夜子もやはり女だった。もてる男が自分だけを見つめているのは甘美なものだ。

　小夜子のなかで、啓介は恋人に昇格した。

　ある日、啓介は小夜子を呼び止め、海外プロジェクトチームに抜擢されたことを伝えた。

　お祝いにと小夜子が予約したレストランで、啓介は言った。

「散々考えたんだけど、この話を断って家を継ぐことにしたんだ。ついて来てほしい。僕にはどうしてもあなたが必要なんだ。わかっているとは思うけど、ずっと好きだった」

　いつになく強い眼差しに、小夜子は顔も身体もかっかとほてるのを感じた。私はいまプロポーズされたんだわ……。涙ぐみたくなるような感動に包まれた小夜子は、啓介に「ついていく」ことが何を意味するのか、自分の人生がどう変わるのかまでは深くは考えなかった。

　その日、小夜子は家に帰らなかった。

「家を継ぐ」といった意味を肌で感じたのは、プロポーズを受け入れた小夜子が、初めて加賀野家の長屋門をくぐったときだった。


「小夜子さん、啓介はあのとおりぼんやりだからお願いね」

その日、佳子は初対面の小夜子にそう言って笑った。

啓介と似て聞き上手の佳子にうち解けて、自分の生い立ちや両親のこと、イギリスでの楽しい想い出など、随分たくさんのことを話したと思う。話し終わった頃には、自分が世界一のおしゃべり女になったような気がして気恥ずかしくなったが、佳子は終始楽しそうだった。

すっかり風が心地よく感じられるようになったころ、啓介の父、裕一郎が帰ってきた。緊張している小夜子を励ますように笑いかけて、佳子が裕一郎に紹介した。啓介に似た大柄で柔らかな感じの人物だった。

よく響く低音の声の持ち主で、おっとりとした品のいい話し方をする。

「啓介さんも歳を取ったらこんな感じになるのね、きっと」。

小夜子は義母、義父となる人に好感を持った。


啓介の退社、結納、小夜子の退社、結婚式、新婚旅行、引っ越しと続き、小夜子はマリッジブルーになる暇もなく、気がつけば加賀野家が敷地のなかに建ててくれた新居にいた。

新婚旅行ではイギリスにも立ち寄り、ダッジ一家の大歓迎を受けた。

結婚式も披露宴も新婚旅行先についても、啓介は「小夜子の好きなようにしていいよ」と言い、一切を任せてくれた。それを啓介の優しさと思っていたが、成田を出てからの啓介はまったく頼りにならず、義母が「啓介はあのとおりぼんやりだからお願いね」といった言葉を思い出して、ちょっと不安になったものだ。

新居に落ち着いた翌日、小夜子はそれまでの疲れからか熱を出した。ふと額にひんやりとした手の感触を感じて目を覚ますと、義母の笑顔があった。

戸惑う小夜子に、

「熱は引いたようね。もうひと眠りしなさいね」

と言って足音もたてずに佳子は去った。

義母とはいえ、他人に寝姿を見られるのは恥ずかしい。家は別棟なのに、義母が自由に出入りしたことも腑に落ちない。

「目が覚めたらお義母《かあ》さんがここにいらしたのよ、びっくりしちゃった」

市役所に勤めるようになってから、ますますおっとりしてきた啓介に、小夜子はその日の出来事を話した。

「だって家族だろ、当たり前じゃないか」

「でも……」

「何を気にしているんだよ。それよりビール冷えてる？　風呂のあとに用意しておいてくれよ」

啓介はそう言って会話を切ると風呂場に消えた。

小夜子の新婚生活はこうして始まった。

振り返ってみると、帰りの遅い夫より義母と過ごす時間のほうがずっと長い。

息子が可愛くて、結婚してからも手放さない母親が増えているというが、佳子の場合はそれとは違う。佳子の関心は小夜子にあるようだった。


「小夜子さん、小夜子さん」

庭先からまた佳子の呼ぶ声が聞こえる。

「今日はお寺さんに今度の法事の段取りにいきますから、小夜子さんも一緒にね」

佳子はこのところ毎日のように小夜子を連れて、檀家の集まりやら、弁護士や税理士事務所、市会議員や県会議員の事務所などを回る。佳子の交際範囲は無限にあるようだった。どこでも特別待遇でもてなされ、若い小夜子に対してさえも、皆が恭しく応対するものだからどうにも居心地が悪い。いつまで挨拶回りが続くんだろうと思うとため息が出る。

秘書室でひととおりの礼儀は身につけてきたつもりだが、東京と違い、小さいこの街ではいつも誰かに言動を見られているようで息が抜けない。実際、街の年寄りまでもが「加賀野の奥さんが惚れ込んだという嫁さんはあの人かね」と、目引き袖引きで小夜子の噂をしていた。

留守番を頼まれてほっとしたのもつかの間、親戚やら近所づきあいやら、人の出入りが多いこの家ではひとときも気が休まる暇がない。

冷や汗をかいたのは法事の席だった。

本家の嫁のお披露目とあって満座の注目する中で、小夜子は足がしびれて派手にころんでしまったのだ。ぷっと吹き出しそうになった親類を、佳子が貫禄で抑えたから助かったものの、加賀野の親類縁者との格式張ったつき合いは苦痛でしかなかった。

「玉の輿も楽じゃないわねえ。昼寝もおちおちできないなんて」

半ば本気でそういった友人の気楽な専業主婦生活を思うと、結婚前に母と義母が交わしていた会話を思い出す。

「この子はサラリーマン家庭に育ったものですから、そちらさまのような旧家の嫁にふさわしい教育はしておりません。ただただそれが心配です」

「いえ、旧家といっても当節は昔のようなことはございません。それに小夜子さんの素直なお人柄に私は惚れ込みました。私もお手伝いしますし、どうぞご心配なさらずに」

それでも母は気をもんで、着物好きな叔母と一緒にひと揃いの着物を揃えてくれた。しかし、しょせんは付け焼き刃。ひとりでは気付けも満足にできず、お茶、お花も習ってこなかった自分を、義理の妹や親戚の女たちが陰で小馬鹿にしていることを、小夜子はうすうす感じていた。


小夜子が変わったのは、結婚後三年くらいしたときだった。

日頃丈夫な義母が風邪で寝込んで、本家としての行事の采配が小夜子の肩にどっとかかってきた。啓介はその手のことには、まったく頼りにならない。

義母の枕元で、法事の手順や連絡の仕方、手紙の書き方、お礼の包み方、渡すタイミングまでこと細かな指図を聞いている最中に、小夜子は自分が情けなくなったのと、将来への不安から突然涙が止まらなくなった。

佳子はしばらく泣くがままにしていたが、静かな調子で自分が加賀野家に嫁いでからの半生を話し始めた。長い話が終わりに近づいた頃には日が傾いていた。

「……それでね、小夜子さん。厳格な義母が亡くなったとき、私は心からほっとしたのですよ。でもね、それが終わりではなかったの。お葬式が終わって遺産相続についての親族会議が開かれたとき、夫の兄弟姉妹がこう言いました。佳子さん、あなたは関係ないから出ていってくださいって」

佳子はそのときの悔しさを思い出したのか、いったん目を閉じたが、

「亡くなるまでの十年間、義母のしもの世話をしたのは私でした。本家の嫁には盆も正月もありませんでした。私たちの時代はそれが当然と思っていたけれど、あなたは関係ないからって言われた時には愕然としましたよ。嫁の立場はそんなものなのかって思うと情けなくてね。

加賀野の家は代々長男が家督を相続する慣わしだったけれども、民主主義の時代でしょ、弟や妹たちも納得できないって言ってね、お父さんは土地や株を整理

して渡したそうです。加賀野の資産は相続税と遺産分けで半分になりました。でもそんなことよりも、そんなことまでして守らなきゃいけない家ってなんでしょう、嫁の存在ってなんでしょう、と思ったものです。あなたもきっとそういうふうに思っていることでしょう。でも、いま、私があなたに言えることは、きっとその答えが出るから、今は辛くても私についてきてちょうだいっていうことなの。あなたが受け継ぐのは家や資産だけじゃないの、もっと素晴らしいものを受け継いで、それがやがてあなたの喜びになることでしょう。私はそれがわかったから、とても幸福で安らかな気持ちになれたのですよ。あなたにもわかるときが来るはず。あなたならわかるって、最初に会ったとき、私は思ったのよ」

そのとき小夜子は嫁としてではなくて、この賢い義母に秘書として仕えてみようと思った。それならできる。そこから何かがわかるはずだ、と。

待望の長男を抱いて病院から戻った啓介と小夜子に、加賀野の両親は一枚の書類を渡した。それは小夜子を養女にすることを定めたものだった。

驚いているふたりに、

「啓介、小夜子、加賀野の家をよろしく頼む。ふたりで盛り立てていってほしい。これからも本家として弟や妹の面倒も見ておくれ」

裕一郎が頭を深く下げた。

佳子はその横で満足そうにうなずいた。

この決断は親戚や兄弟に翌日には伝わった。

「どういうことなの、お母様」

目をつり上げて押し掛けた長女の百合子に、佳子はぴしりと言った。

「あなたは嫁ぎ先のご両親のお世話があるでしょ。加賀野の家と私たちはいずれ小夜子の世話になることでしょう。だから、法律上も親子になっただけですよ。お父様のこの判断を私は正しいと思っていますし、小夜子はあなたのお姉さんになったのだから、これからはそのつもりでいなさいね」

この日から、いろいろな関係が微妙に変化していった。義母の呼び方も、この日を境に「小夜子さん」から「小夜子」になった。最初は反発していた兄弟姉妹も徐々に「お姉さん、お姉さん」と小夜子を立てるようになった。

そして、小夜子自身も佳子の手引きで加賀野の財産管理に深く関与するようになっていった。佳子はよき教師だった。姑と嫁というよりは師弟のような関係になったとき、小夜子は佳子が優れた経営者であることを知った。

やがて小夜子は本家としての取り仕切りを徐々に任され、自分の考えを入れながら進めるようになった。

義父の裕一郎が七十八歳で亡くなったとき、小夜子は本当の父を亡くしたような悲しみに沈んだ。裕一郎が寝込んでから一年半ほどは、佳子に代わって小夜子が面倒をみた。毎日接しているうちに、好人物の義父に対して母性愛に似た感情を持った。

それにしても裕一郎と啓介はよく似た親子だと小夜子は思う。

啓介は連れ添うほどに、佳子が「ぼんやりだからお願いね」と評したとおりの人間であることがわかり、最初は失望したり、いらだったりすることもあったが、もう小夜子は動じなかった。立派な人物と見られて一生を終えた裕一郎も、実はただの好人物で、佳子がすべてを取り仕切っていたことに気づいたからだ。

普段は気さくで優しい義母のなかに、強い意志と戦略と事業欲があることを小夜子が見抜いたのは、実は自分の中にも同じものが芽生えていたからだろう。

世の中ではキャリアウーマンがもてはやされる時代が来た。

しかし、小夜子は思う、佳子こそ見事な女性事業家であり、加賀野という企業体の社長ではないかと。

佳子は様々な人脈を築き上げていた。弁護士、公認会計士、税理士、不動産コンサルタント、そうした人々が惜しみなく佳子を助け、加賀野の資産運用を行ってきた。だからこそ多くの地主が没落していくなかで、加賀野家は資産を守ることができたのだ。

こうした専門家を大事にするだけでなく、佳子は家に出入りする人すべてに対して細やかな気配りを怠らなかった。心からのねぎらいの言葉とちょっとした心付けが、どんなに人の心をほぐすものかを小夜子は佳子の日常から学んだ。暮れには、アパートや駐車場の管理をお願いしている不動産屋の担当者をねぎらう酒席を設け、手みやげまで持たせて帰すのだ。

こうした小さいお金の使い方も巧みだが、いざというときの大きなお金の使い方も潔い。

帳簿を受け継いだ小夜子が一番不審に思ったのは、多額な寄付や政治献金だった。市会議員のほとんどが、なんらかの形で佳子の世話になっている。選挙のたびに加賀野家から相当な資金が流れた。市政を意のままに動かすほどの力を手にしながら、それを使うことはほとんどなかった。

ただ、一部の議員が私欲に走ったり、議会や市長が市民感覚とずれたことをし始めると、佳子は相手の事務所に出向き、世間話に交えてごくやんわりと意思を伝えた。それだけで大概のことは軌道修正された。

八十歳が近づくと、佳子は膝を悪くして出歩くことはめっきり少なくなった。その代わり、折に触れて小夜子を手元に呼んでは、まるで遺言のようにいろいろなことを語り残した。

「権力で人を従わせるのは、長続きはしないものですよ。こちらが無欲無償で相手のために尽くしておけば、その人たちが加賀野の家を守ってくれるでしょう。権力ではなくて、人の心こそが加賀野の家を守る石垣なのよ」

「小夜子、助けてくれた人にその時にお礼を言うのは当たり前。その後でもう一度お礼を言うのも当たり前。本当にありがたいと思ったら、お礼は生涯言い続けるものですよ」

「専門家は一流の人を選ばなくてはだめですよ。肩書きや知識だけではわかりません。本当の一流とは人柄、誠意、行動力が伴った人のこと。そうした人に出会ったなら、ずっと大切にしなさいね」

「もし、誰かに裏切られることがあったとしても、裏切った人にもそれなりの切羽詰まった事情があったかもしれません。相手も苦しいのですよ。相手を憎むよりも、許して助けてあげてね。そうすればきっといいことがありますよ」

「お金の使い方は人の品格を表すもの。だからお金の使い方はよくよく考えてちょうだい。特に人様に差し上げるときは、相手の気持ちにならないといけませんよ。相手の負担になるようではなんにもなりませんからね」

「小夜子、人の寄る家にしましょうね。お金は一時、人は一生の宝ですよ」

「兄弟姉妹、姪や甥の面倒を見るのも本家の大事な務め。その代わり、きっとたくさんの喜びをもらえますからね。もらう喜びより、与える喜びのほうが実は何倍も強いものなのよ」

佳子の言葉は宝になった。この言葉、こうした生き方、加賀野家という事業を受け継ぐことが、本当の相続だったのだと、佳子が亡くなってからわかった。

佳子は啓介にはその才能を見いだせず、自分の生き方を伝える器を探していたのではないか。

初対面の時の長い会話は、いわば小夜子の第二の就職面接試験だったのだ。新婚時代に頻繁に新居に上がり込み、小夜子ばかりを引き連れて歩いたのも、小夜子にすべてを託そうと決めたからに他ならない。養女にしたのも、今では佳子の決断だったことがよくわかる。


佳子は八十歳で亡くなった。

参列者は裕一郎のときよりもさらに多かった。その列は加賀野の家をぐるりと取り巻いて延々と続いた。小夜子の脳裏に「人は石垣」という佳子の声がありありと甦った。小夜子は一人ひとりに心を込めて頭を下げた。

葬式に参列した人々は、加賀野の事業と伝統が小夜子に引き継がれたことをはっきりと理解した。

佳子の遺言はまことに行き届いたものだった。生前から、税理士の木村を東京からわざわざ呼び寄せて、相続対策について相談していた姿を小夜子は幾度か見ている。

地元にも親しくしている税理士の先生がたくさんいるのに、相続に関してだけは、佳子よりずっと年下で、しかももっさりした木村を頼りにしているのを不思議に思っていた。

また、木村も電話一本ですぐ東京から飛んでくる。小夜子は最初、「この先生、随分お暇なのかもしれない」などと頼りなく思っていたが、他から木村が資産税のプロとして知られている人物と聞き、驚いたものだ。

木村は訃報を聞くとすぐさま駆けつけて、終始、小夜子を支え、佳子のシナリオどおりに一族の話し合いを進めてくれた。すべてが終わり、行き届いたやり方に感謝する小夜子に、木村はぼそぼそとした口調で言った。

「お義母様は、僕が二十代の頃から目をかけてくれましてね。いろいろと仕事を世話してくれたんですよ。どうして僕みたいな若造にこんなによくしてくれるのかって、うかがったら、にこにこ笑って、あなたは私の保険なのよっておっしゃったんですよ。僕はそのとき意味が分からなくってね、きょとんとしていたら、いいの、いいの、今はわからなくってもって、その話はそれきりになってしまったんです。後から気づいたんですが、カギはあなたにあったんだなあ」

小夜子が小首を傾げると、

「いずれ自分の考えや資産を誰かに受け継がせる日が来ることを考えて、自分の死後もその人を、つまりあなたを、ずっと補佐できるような年齢の僕を選んだのでしょう。そんな期待を秘めて、若造の僕を長い間、黙って見守ってくれたのかと思うと……。本当に深い考えの方でした」

木村はそう言うと、仏壇に深々と一礼し、

「僕はあなたに初めて会ったとき、それがわかったんですよ。あなたは、お義母さんにそっくりだった。お義母さんはあなたのことばかり話していらしたから、僕はずっと以前からあなたを知っているような気がしたものです」

と言い、シワだらけのハンカチを取り出して鼻をかんだ。

庭に打ち水をしながら、小夜子はときどき心のなかで佳子に語りかける。

「お義母さん、あなたは私にとんでもないものまで残して逝ってしまいましたね」

小夜子の中で、事業家としての野心と加賀野の家の総師としての責任が日を追うごとに大きくなっていた。それは心地よい緊張感でもあった。

この国の税制や環境は資産家にとってますます厳しいものになっている。しかし、加賀野の家はこの時代を乗り切ってみせる、私の手で。そう思うと力が湧いてきた。小夜子の心は満たされていた。

生前の佳子と、うり二つと噂されていることや、「加賀野の家は小夜子さんで持つ」と言われるようになったことを、小夜子はまだ知らない。

陶子

ダイヤモンドが輝くとき

黒いアタッシュケースを開けると、二十個以上もの大粒のダイヤモンドの輝きが陶子の目を射った。驚いて息を飲む音が無機質な貸金庫室に響いた。

同行してきた税理士の木村が、口に手をあてて立ちすくんでいる陶子を心配そうに覗き込んだ。

「奥さん、どうしました、大丈夫ですか」

「木村先生、これ、本当に私のものなの」

「もちろん、ご主人が奥様に残されたものですよ。同じようなケースがあと二箱ありますが、ご覧になりますか」

陶子は夢でも見ているような気持ちで、手渡された次のケースを開けた。

そこには小粒のダイヤモンドをぐるりと周囲に巡らしたトパーズの指輪や、エメラルドやサファイアの指輪、大粒の真珠のネックレス、黒蝶パールの指輪とペンダントのセットなど、見事な宝飾品が三十点以上も並んでいる。陶子の感覚からすれば、あまりに派手すぎて身につけるには気がひけるような品々である。

最後のケースには、様々なデザインのブローチやネックレス、ブレスレット、イヤリングなどがぎっしりと納められていた。

「ほう、ざっとみて全部で百点ほどはありそうですな。沢村さんが宝石にも興味があったとは意外だなあ。一応、専門家に鑑定してもらったほうがよろしいでしょうが、こうした宝飾品は売値の十分の一程度にしか評価されませんから、相続税についてはご心配はいりませんよ」

そう言うと、木村の関心は貸金庫に保管されている書類や株券などに移り、持参した財産目録を片手に、職業的熱心さで子細に点検している。

陶子はこの興奮を分かち合う相手がいないもどかしさに、息苦しささえ覚えた。株券やら債券の束はもはや眼中にない。まるで強力な磁石に引き寄せられるように、目も心も宝石から離れない。まばたきさえも忘れていた。

裕福な社長夫人としてたしなみ程度の宝飾品は持っていたが、今まで特に宝石に執着したことはない。陶子を知る人は皆、陶子のことを無欲だといい、陶子自身も物欲は薄いほうだと思っていた。

しかし、これほど見事な宝石の数々が突然自分の前に差し出され、全部あなたのものだと言われたら、どんな女性でも平常心ではいられないだろう。たとえ、陶子のように七十歳という年齢であったとしても……。

散々迷ったあげく、陶子は貸金庫から最初のダイヤモンドのケースだけを持ち帰った。木村は自宅まで送ってくれ、相続税について丁寧に説明をしてくれた。

宝石の美しさにすっかり心を奪われていた陶子の頭になんとか入ったのは、相続税額はおおむね五千万円程度であり、相続発生日から十カ月以内に納付しなければならないということと、夫が全財産を自分に残すという遺言を作成していたことだった。

「ご主人の遺言がありますので、奥様が相続されることについては何ら問題ありませんが、一応お子さま方とも相談されて遺産分割協議書を作成しておくことをお勧めします。この件については改めてうかがいますので……」

木村は、陶子の心ここにあらずの様子を見て取ったのだろう、そういうと立ち上がった。

木村を見送って、居間に戻った陶子は、大きく深呼吸してアタッシュケースを開けた。今度はダイヤモンドの指輪を一つ一つ手にとっては心ゆくまで眺め、そっと指にはめて光にかざしてみた。

どれも1カラット以上はあるようだ。立爪のデザインはやや時代遅れの感はぬぐえないが、素人目にも見事な石のように思えた。どのくらいそんなことをしていたのだろう、ふと気づくとあたりは暗くなっていた。

「嫌だこと、私ったら」

夫の死も忘れ、年甲斐もなく宝石に舞い上がっている自分に気づいた陶子はひとり頬を赤らめた。夕食の支度に取りかかろうとしたが、やはり手につかず、店屋物をとってひとりきりの夕食を済ませ、深夜まで宝石を眺めて過ごした。

夜の明かりの下では、ダイヤモンドが昼間とは違う温かな輝きを見せることを初めて知った。


陶子の夫、沢村文太郎の盛大な葬儀から、今日でちょうど三週間になる。

死因は癌だったが、八十歳という年齢とホスピスでの痛みを抑制するやり方で、あまり苦しむこともなく逝った。若い人とは違って癌の進行も遅く、病魔はじわりじわりと夫の身体を蝕んだ。

その間に家族も本人も癌告知のショックから徐々に立ち直り、あきらめの境地にたどり着いていた。当の本人は死を待っているようにさえ見えた。

あるとき、文太郎は陶子に、

「私はもう十分すぎるほど生きたよ。満州やシベリアでは何度も死を覚悟した身だ。いまでも時々死んでいった戦友の顔が目に浮かぶのだよ。私だけがこんな老人になってしまったから、あちらに行っても皆にはわからないかもしれないな」と笑いながら、「私だけが生き長らえてここまでやってきたが、もう何もかもやりつくした気がしているのだ。事業をたたんだとき、もういい、十分生きた、と思ったものだ」

と、しみじみ語った。

文太郎は、鋭い経営感覚と強引なまでの手腕で戦後の混乱期に裸一貫から事業を興し、一時は隆盛を極めた。しかし、バブル期の過剰投資が裏目に出て事業を大幅に縮小せざるを得なくなった。

文太郎にとっては金銭的な損失以上に、自分が時代を読み誤ったことが何よりもこたえたようだ。それでも他の経営者よりは素早く立ち回って不良資産を早期に売却し、会社は倒産を免れたのだが、これを機に事業からきっぱり身を引いた。

しかし、そこに至るまでの心労で持病の胃潰瘍が悪化し、家族に説き伏せられて病院に行ったときには悪性の癌が進行していた。

癌の告知を受けると、文太郎は一切の延命治療を拒否し、伊豆のホスピスに移った。死までの約十ヵ月間、夫妻はふたりきりで静かな日々を過ごした。芽吹きの早春から新緑の季節、太陽と海が輝く盛夏が過ぎ、伊豆の山々が色づき始めていた。

こんなに長く夫とふたりきりで過ごすのは新婚旅行以来だった。いままでは仕事一途だったし、家では仕事の話は一切しない夫だった。男は外で働き、女は家を守るという時代に生きてきた陶子にとって、最初はこれほど長い時間、夫と向かい合うようにして暮らすことへの戸惑いもあった。しかし、ホスピスでの文太郎は、それまでの激しい気性をぬぐい去ったかのように穏やかで優しい老人になった。

時には、ユーモアを交えて今まで語らなかった様々なエピソードを語っては陶子を笑わせた。また、あるときはシベリア抑留の悲惨さを、あるときは自分が仕事上でどんな過酷なことをしてきたかまで赤裸々に語った。

二十年ほど前に脱税で検挙され、税理士の木村に助けられたこともそのときに初めて知った。

「結局、そのとき裏金の二億円が見つかって召し上げられてしまったんだがね。実は国税もあと一億円の隠し場所は見つけることができなかったのだ」と、文太郎はからからと笑い、いたずらっ子のような目をして裏金のからくりまで包み隠さず話したのだった。

陶子にとっては仰天するような話ばかりだったが、不思議に嫌悪感はなかった。どこかで夫に裏の顔があることを感じ取り、是認していたからだろうと思う。最初は、こうした話も「夫の気が済むのならば」と驚きを隠して聞いていたのだが、いつの間にか想像もできないような波瀾万丈な夫の世界に魅了され、引き込まれていった。

私がのんびりと暮らしてきた裏にはこんな世界があったのか、こんな夫の奮闘があったのか、男とはこういうものなのかと、陶子は目を見張る思いで知らない世界の話を聞いていた。

一つ一つのエピソードに、そのときの自分を重ね合わせていくと、未完成だった夫婦というジグソーパズルの一片一片が納まるべきところに納まり、一つの絵が完成していくように思えた。

結婚して五十年以上もたって、やっと少し沢村文太郎という男の善と悪、喜びと悲しみを知った陶子は、そのすべてをひっくるめて受けとめた。

心にあるものをすべて吐き出しつくしたとき、文太郎ははればれとした笑顔を見せて、「ありがとう」と言った。それからの文太郎はささいなことにも心を動かし、よく「ありがとう」と言うようになった。

陶子は、文太郎が生きながらに悟りの境地にたどり着いてしまったのだと思った。

夫の介護を経験した女友だちから介護の悲惨さをいろいろ聞かされていたが、ホスピスでの日々は思いがけなくも幸せな毎日だった。自分たち夫婦のジグソーパズルが毎日少しずつ完成に近づいているような、そんな思いでふたりは寄り添うように毎日を過ごした。

もうあまり時間がないことだけが辛かった。陶子は、もっと早くこんな時間がもてたならば、夫婦の関係は違ったものになっていたのかもしれないと思った。


伊豆の山々の紅葉が終わりに近づいた頃、車椅子を押していた陶子に文太郎が静かに語りかけた。

「もう長くはないと思う。本当にこれまでありがとう。心から感謝しているのだよ。私が時代を読み誤らなければもっと資産を残してやれたのにと思うと、自分が歯がゆい。しかし、君がこれから暮らしていくのに困らないものだけは残してあるから許してくれ。しかし、最後に、こんな静かな時間が過ごせるなんて、癌に感謝したいくらいだよ。私はいま、やっと人間に戻ったような気がしているのだ」

「何をおっしゃるの、あなた。気の弱いことをおっしゃらないでくださいな。それに、許してくれだなんてとんでもない。白金の家も残ったんだし、娘たちも皆嫁いで幸せに暮らしているのですもの。これ以上望んだら罰が当たりますわ」

「私の遺言書と財産目録は木村君に託してあるから、これからのことは木村君と相談するといい。不動産のほかにも、まだ二億円ぐらいの預貯金と、なにがしかの株券がある。株券や債券はM銀行の貸金庫に保管してある。それから言い忘れていたが、金庫にはいささかの宝石類も入っているはずだ」

「宝石?」と、不審気に問い返した陶子に、文太郎は笑って、

「どうせたいした価値はないだろうが、君も知っているだろう、満州時代からの知り合いで、うちにも何度か来たことがある滝山が持ってきたのだ」

「滝山さんって、あの銀座の貴金属店のご主人の？」

「そう、あいつが仕入れの資金を借りるとき保証人になったのだがね、バブルが崩壊してからさっぱり商売がうまくいかなくなって、借金で首が回らなくなってしまったのだ。自殺しかねないような青い顔をしてうちに来たものだから、放ってはおけなくなってなあ。結局、私のほうで動いて一億五千万円近くに膨らんでいた借金を整理してやったのだよ。例の脱税逃れの裏金でね。それがなければ君たちにもっと残してやれたんだが、滝山は何度も生死をくぐった仲だから、とても見捨てるわけにはいかなかったのだ」

陶子は、金の苦労をしたことがない人間だけが持つおおらかさで、

「まあ、それで人助けができたなんて安心しましたわ。そんな恐ろしいお金が残っていたら、それこそ私、困りますもの。よかったわ、本当に」

「君ならそう言うと思っていたよ」と文太郎は満足そうにうなずいて、

「そのあと滝山が会社に訪ねて来て、『とうとう店をたたむことになった。いったん東京を離れるが、その前にお前に会いたくなってやってきた。これは商売ものなんだが、今更売って金に換えても二束三文に買いたたかれる。それより、散々世話になったお前に渡すほうがいいと思ってな』といって置いていったのだ。『陶子さんやお嬢さんへの私からのせめてもの償いだ』と。水くさいことはやめろと言ったんだが、あいつは一歩も引かない。まあ、それであいつの気が済むのならと思って受け取ったんだが、いつか返す日も来るだろうと中身も確かめずに銀行の貸金庫に保管しておいたのだ。今頃になってそれを思い出したのだよ」

と言った。

「そんなことがあったのですか。滝山さんもお気の毒に。いまはどこでどうしていらっしゃるのかしら」

「滝山はそれっきり十年以上も音信不通だ。一度死ぬ前に会いたいものだが、もうそれもかないそうもないな」

陶子は返す言葉が見つからず、「寒くなってきましたわ。そろそろお部屋に戻りましょうね」と車椅子の向きを変えた。

それが文太郎との最後の長い会話だった。

翌日から意識が混濁し、一週間後に文太郎はその生涯を閉じた。

陶子自身も忙しさに取りまぎれ、銀行の貸金庫であの宝石を見るまで、この話のことはすっかり忘れていたのだ。


翌日、陶子はひとりで銀行に行き、貸金庫から残りの箱も持ち帰った。

誰にも話さなかったが、それ以来、毎晩のように宝石を眺めて過ごすのが密かな楽しみになっている。美しい宝石を眺めているだけで心が和む。たとえ身につけなくても、持っていることだけで心がほかほかと温かい。

夫の死は不思議なくらい平静に受けとめられた。あの十カ月間があったからこそだろうと思う。今では夫が以前より身近にいるように感じられる。

宝石の美しさを十分に堪能すると、「この気持ちを娘や孫たちと分かち合えればもっと楽しいだろう」と思うようになった。「誰にどれを贈ろうか、どんな顔をするかしら」と考えるだけで心が浮き立つ。

なにせ沢村家は女系家族だ。

長男の嫁とその娘の亜矢、長女の圭とその娘の愛、次女の綾と娘の梨花、三女の文と娘の瑠璃子……、子供は四人のうち三人が女、孫も八人いるが、四人が女の子だ。嫁の律子も含めて、宝石を贈る相手は少なくとも八人はいる。

そんな具合で毎晩寝不足が続いているのに、陶子の肌は日ごとに瑞々しく、表情も明るくなり、周囲のものを不思議がらせた。

陶子は結局、宝石の半分を自分の手元に残し、残りは四十九日の法事の後に、嫁、娘、孫娘たちを白金の自宅に集めて気に入った品を選ばせることにした。陶子の分を別にしても、ひとり数個ずつはいき渡る。

それにしても、まず鑑定してもらい、いくらぐらいのものなのかを知っておかなければならないと気づき、知り合いに紹介してもらった宝石商を自宅に呼んで鑑定を依頼した。

二週間後、鑑定結果を知らせに宝石商がやってきた。

百四個のうち十個は、市価であればそれぞれ三百万円は下らないものであり、二十個も百万円近い品であるという。

ただ、宝石はいったん加工されて人手に渡ると、よほど由緒あるアンティークやブランドもの、あるいはオークションにかけられるような歴史的なエピソードのあるような品でない限り、買い取り価格は市価の十分の一以下になるのだそうだ。貸金庫室で税理士の木村が言ったとおり、鑑定価格は市価に比べるとかなり低い評価だった。

陶子はもともと売る気などなかったので、鑑定結果を聞いてもさしてがっかりはしなかったが、宝石商は陶子が貴金属に詳しくないことを知ると、喜々として宝石を見分ける初歩や手入れ方法などを手引きしてくれた。

たとえば、ダイヤモンドの価値は4C、つまり「カラット、カラー、カット、クラリティ（透明度）」によって決まるが、輝きを決定する最大の要素はカットである。陶子のダイヤモンドはいずれもオーソドックスな五十八面体のラウンド・

ブリリアントカットだが、現代では七十七面体や八十六面体、百面体、あるいはアンティークな趣のある九面体のアンクルカットなどに注目が集まっている。デザインも、ここにある立爪のソリテールの指輪は最近人気がないのだという。しかしながら、宝石商の滝山が最後まで手元に残していた品だけあって、石自体はなかなか見事なものだそうだ。

「鑑定した者も、これだけのコレクションを個人でお持ちとはと、うなっておりました」。宝石商は満更お世辞とも思えない口調で言い、帰り際にも、

「いずれのお品も品質はたいへん良いものですから、リフォームをお勧めいたします。その際には一流のデザイナーをご紹介いたしますから、どうか当店にお声をかけてくださいますように」と何度も頭を下げて立ち去った。


あっという間に四十九日が来た。

文太郎が言い残したように、生前から木村税理士に資産の整理と相続対策を依

頼してあったので、法事のあとの相続手続きもスムーズに進んだ。最終的に文太郎の残した資産は六億円ほどだった。

主な資産は港区白金の土地建物だ。土地は一〇〇坪ほどだが、十数年前に新進の建築家に依頼して四階建ての洒落たビルに建て替えてある。一階にフレンチレストラン、二、三階にオフィス、四階に陶子夫妻の自宅がある。

外観はただの白い箱のようだが、移りゆく光をトップライトで内部空間に投影させた斬新な設計が評判を呼び、建築雑誌がこぞって取り上げたものだ。若い建築家はこれで有名となり、今では次世代を担う建築家のひとりと目されている。

「しかしね、本当の功労者は木村君だよ」と、文太郎は生前、陶子によく言ったものだ。「刑事コロンボ」を思わせる、とぼけた風貌の木村だが、文太郎が見込んだだけあって、見かけに似合わず鋭い頭脳の持ち主である。税理士で不動産鑑定士でありながら、いろいろな世界に通じている変わり種だ。

木村はバブルが始まる前から、「不動産の真の価値は建物の収益力で決まるものですよ」と言い、地方の土地を処分して都心の収益物件をポートフォリオとして持つことを文太郎に勧めていた。

白金の土地はもともと六十坪ほどの裏通りの土地だった。しかし、表通りに面した四十坪ほどの隣地が売りに出されたのを知った木村に、

「なんとしてでも買うべきです。表通りに面した百坪の土地になれば、立派なビルが建てられる。価値は三倍にも四倍にも上がりますよ。こうした一等地はどんな時代になっても生きのびるでしょう」と勧められ、相手の言い値で買い取ってビルを建てたのだ。

これが功を奏した。白金のビルは土地面積の割には高い収益を生み続けている。我が国の税制が建物よりもっぱら土地に向けられていることや、バブル崩壊後の地価下落で相続税も思ったより少なくて済んだ。

しかも地価の下落幅と比べれば、この辺の賃料は高止まりしていて、一〜三階から上がる賃料収入だけでも月二百五十万円近い。そのほかの収入を合算すれば、陶子には年間四千万円ほどの収入が入る。

陶子は木村と相談して、将来性の低い不動産や株などを処分して相続税を払う

ことにした。夫は全財産を妻に譲るという遺言を残したが、相続税を払った残金から、四人の子供たちにそれぞれ二千万円ずつ分け与えることにし、賃料収入からも月々二十万円ずつ贈与していくことにした。

四人とも比較的裕福な暮らしを送っていたし、もともと仲の良い兄弟姉妹であったから、陶子の気前のいい決定にはどこからも文句は出なかった。しかも、不動産そのものではなく、現金で分配したため、極めて公平な内容となった。

これが一段落したら、夫との想い出が強く、ひとりで住むには広すぎる白金の自宅を人に貸し、南青山の小さなマンションでも借りて移るつもりである。

今回のことで力になってくれた木村に、陶子はこれからの人生設計を話した。

木村はうなずくと、よい物件があったら連絡すると言った。それまで夫を介して一度か二度顔を合わせただけだったが、いつの間にか陶子にとって一番の相談相手になっていた。夫が自分よりずっと年下の彼を厚遇し、信頼していた理由がよくわかった。ビジネスを超えた働きぶりに陶子が感謝すると、脂気の抜けたぼさぼさ頭をかきながら木村が言った。

「ご主人とは二十年来のおつき合いをさせていただきましたが、最後の最後まで見事な生き方でした。酒席にも誘っていただきましたが、そんなときよくこんな話をしてくださったものです。『木村君、君は若いから戦争を知らないが、勝ち戦より負け戦をどう闘い、どう処理するかで、男の価値は決まるものだ。引き際を誤ってはいけない』と。まさに、その言葉通りの生き方をされた方でした。今回、お手伝いさせていただいて、身をもっていろいろなことを教えていただいたと思っています」

陶子はホスピスでの静かな暮らしを語り、

「主人は最後に、世間知らずの私にすべてを話してくれたんですよ。脱税で査察を受けたとき、木村さんに助けられたこともうかがっております。主人ったら、『それでも一億円は隠しおおせたぞ』って、そんなことまで……。ほんとに人様にはお話しできないことですけど」

「そうですか。奥様にそこまで話されたのですか。実は、私も後からその話をうかがっていたので、そのお金はどうなったのかと不審に思っていたんですよ」

「どうやらそれが宝石商のお友だちに渡ったようなんですの。その方は戦友で、借金でどうにもならなくなっていたとか……。貸金庫にあった宝石は、その方が残したものだと、主人が話してくれました」

「なるほど。これで合点がいきました。いやあ、こういってはなんですが、裏金がこんな形で甦るとはよくよく運の強い方だ……」

こうして法律上の遺産相続の承認手続きは滞りなく終わったが、女たちの相続はこれからが本番だった。

「お父さまからあなたたちに贈り物があるのよ、法事の後に分けるから白金に来てちょうだい」と言われて、白金の家に集まった嫁、娘、孫娘たち八人は興味津々で陶子を囲んだ。

「実はこれなの」

陶子は三つのケースをテーブルに置くと、次々に開いて見せた。

八人の目が文字通り点になった。

宝石の輝きに魅せられて呆然となっている。

「うわー、すごい」と孫娘の愛が声を上げたのを皮切りに、八人は陶子を質問攻めにした。

陶子は皆を静めて、これらを文太郎に贈った滝沢のことや銀行の貸金庫で見つけたこと、鑑定結果などを話した後、分配の方法についての考えも話した。

「賛成賛成、大賛成よ、おばあさま。今夜はおとぎ話の海賊たちのようにお宝の山分けね！」

一番ひょうきん者の孫娘、優香がピョンピョン、陶子のまわりを跳ね回った。

次女の綾は胸元を押さえて、

「とにかくもう口のなかがからからだわ。お母さま、とにかくお紅茶でも入れましょうよ」といい、立ち上がった。

「私もよ。私が入れてきますわ。気持ちを落ち着けないと……」

嫁の律子もそそくさとキッチンに消えた。

紅茶を飲んでひと呼吸すると、にぎやかな品定めが始まった。自然に娘世代と孫娘たちのグループに分かれ、誰にはどれが似合うだの、このジュエリーにはどんな洋服が合うだの、あれとこれを交換しようだの、姦《かしま》しい。

しかし、その場を支配しているのは、物欲より宝石の美しさに対する純粋な感嘆であることを見て取って、陶子はうれしかった。

本物を見抜く目を持った人間になってほしいと思い、陶子は娘たちを塾に通わせるより、努めてお芝居や美術館や一流レストランに連れて行った。

その甲斐あってか、みんな情緒豊かな娘に育ち、良縁にも恵まれてそれぞれ幸せな四十代、五十代を迎えている。金に頓着しない性格も陶子譲りである。

孫ばかりか、四十歳を過ぎた娘たちまで子供のように目を輝かせ、興奮に頬を紅潮させながら宝石を手にとってはため息をつく姿に、陶子はこの一カ月間に自分が味わった気持ちを重ね合わせていた。

その日はキャリアウーマンの三女の文だけが「明日打ち合わせがあるから」と後ろ髪を引かれる様子で娘を残して帰り、後の七人は泊まっていった。その夜は誰ひとりとして興奮でなかなか寝つけなかったことは言うまでもない。

「本当ににぎやかだったこと」

翌朝、陶子は八人分の朝食の支度をしながら、昨夜の大騒ぎを思い出してくすりと笑った。夫が入院して以来、みんなでこんなに明るく笑い転げたことはない。幼い頃から本の虫で、大学で教鞭をとっている堅物の綾でさえ、あんなに楽しそうに宝石選びに興じるとは思いもよらなかった。

結局、この日は収拾がつかず、日を改めて陶子の家に泊まりがけで集まることになった。その間に、皆それぞれ宝石の知識を詰め込んできたものだから、前にも増して話が弾み、深夜すぎまで女たちの華やかな饗宴は続いた。

文と綾はその夜、譲られた指輪をしたまま眠り、孫娘たちは孫娘で「宝石を枕の下に入れて眠ればすてきな夢が見られるわよ」と言い出して、みんなで実行したらしい。

ひととおりの遺産分けが済んだ後も、沢村家の女たちは何くれとなく白金の家に集まっては情報交換をしたり、宝石の貸し借りに訪れたりするようになった。こんな話はそうそう話す相手がいない。下手に話せば人の妬みも招きかねないし、かといって日本では豪華な宝石をしていく場も少ない。

「これって宝の持ち腐れよね」

と圭が言い出して、身内同士で気兼ねなく宝石の話に興じ、幸福な気分を分かち合おうと、都合をつけては白金に集まるようになった。それにいずれは陶子の宝石も譲り受けることになる。そうした好奇心も手伝って、陶子の広い居間はいつの間にか一族の女たちのサロンと化した。

半年も経たないうちに「おばあさまを囲む会」が結成され、食事会やお茶会が定期的に開かれるようになった。

この日は、皆贈られた宝石を身につけていそいそと集まり、洋服とのコーディネイトをアドバイスし合ったり、宝石のリフォームを相談したり、新しく得た宝石の知識を披露したりするのが常だ。

夫とホスピスで過ごした静かな日々から一転して、陶子の毎日は華やいだものになった。

そのうえ、夫が陶子に内緒で掛けていた生命保険二千万円が転がり込んだ。生命保険には相続人ひとり当たり五百万円まで相続税はかからない。陶子は、この思いがけない夫からの贈り物の一部をみんなの宝石のリフォーム代にあてることにした。この提案が大歓声をもって受け入れられたことは言うまでもない。

ハワイツアーが急に決まったのも、その会でのことだった。

長女の圭が、

「次の年末年始、ハワイでもみんなで行かない？　日本じゃなかなかこんな宝石を身につける機会がないのだもの」と言い出すと、文も、

「本当ね。私たちも毎年ハワイに行っているから、今度は合同でいきましょうよ。それのほうがきっと楽しいわ」

と賛成した。

孫娘たちはもちろん全員一致で大賛成だ。

浮き浮きした気分につられて、飛行機嫌いの陶子まで、

「そうねえ、今度のお正月は喪中だから誰も来ないしねえ。寂しいお正月になると覚悟してたけど、『喪中につきハワイ』なんていい記念になるかもしれないわねえ。お父さまの生命保険もまだ大分残っているし、この際、そのお金で行きましょうか。それのほうが想い出にもなるしねえ」

と言い出したものだから、計画は一気に具体化した。

ハワイに詳しい文がさっそく段取りをし、オアフ島の高級住宅地カハラにあるホテルをとった。ワイキキの喧噪を離れたそこは、世界のＶＩＰがお忍びで訪れるという格式の高いホテルだ。

「なんてったって宝石の似合うホテルなのよ」

という文のひとことで、全員が賛成した。

ハワイに来て三日目、孫娘たちの白い肌もうっすらと日に焼けている。

長男や娘の夫たちは年末の仕事を片づけて、明日合流する予定だ。女だけのにぎやかな夕食を終えて、部屋におしゃべりの場を移すと、さっそく愛が、

「ねえ、おばあさま、おじいさまのお話をして」

とねだった。

陶子のまわりに孫娘たちの華やかな輪ができた。

例の宝石の一件以来、孫たちの間では文太郎の株が一気に上がり、まるでアイドルかヒーローのような扱いだ。

「おじいさまの若い頃ってすてきだったんだろうなあ。おばあさまがまいっちゃうくらいなんだから」

「まあ、はしたない」

と陶子がたしなめても、

「でも、やっぱりすてきだったんでしょ。私が知っている文太郎おじいさまはもうおじいさまだったんですもの、話してくださらなきゃ『若いおじいさま』なんて想像できないわ」

瑠璃子の無邪気な反撃に、華やかな輪が笑い崩れた。

いまになって孫娘たちのヒーローになろうとは、文太郎もきっとあの世で目を白黒させているに違いないと思いながら、陶子はゆっくりと語りだした。

時がゆったり流れるハワイの宵は昔語りにふさわしい。


「おじいさまは若い頃に満州にわたったのよ。

あら、困った人たちねえ、満州も知らないなんて。今で言えば中国の大連あたりのことですよ。その頃は満州国といってね、日本が統治していたのよ。でも、欧米がそれを認めずに日本を弾圧したものだから、戦争になったの。

太平洋戦争の終戦の直前に、ソビエトが突然参戦して満州に攻め込んだの。おじいさまは捕虜になってシベリアに抑留されたのです。食べるものも着るものも足りなくて、たくさんの日本人が亡くなったのだけれど、お墓さえつくれなかったのですよ。

おじいさまは運良く生きて日本に戻っていらしたけれど、財産もないし、お仕事もなかった。でも、負けず嫌いな方だったから、人に使われるのは嫌だと言って、自分でお商売を始めてね。大叔父さまの紹介でお家にいらしたときは、もう押しも押されもせぬ青年実業家でした。

ええ、ええ、本当にりゅうとしていましたよ。誰に似ているかって？　いまどきのへなへなした役者さんとは違いますよ。もっときりっとしていらしたわ。野性的で、男前で……。まあ、あなたたち、大人をからかうんじゃありませんよ。

その日は麻の背広でね、自家用車でいらしたのよ。当時はみんなつぎのあたった服を着て、食べるものにも事欠いているような時代でしたから、家の前に自家用車がとまると子供たちが集まって来たものです。

嫌ですねえ、デートだなんて。ほとんど口も訊かなかったわ。当時のお見合いなんてそんなものですよ。

目を伏せて、おじいさまのカフスボタンばかり見てました。凝ったデザインの舶来ものでね、随分すてきなものをしていらっしゃるわと思ったものよ」

孫娘たちは、あちこちに寄り道しながら続く陶子の話に時々茶々を入れながらも、想像もつかない時代の話に引き込まれている。そんな聞き手の熱心さが陶子の舌を滑らかにした。

「おじいさまがお帰りになってすぐ、私はお父さまの書斎に呼ばれてねえ、『陶子、どうだ、あの男は』と聞かれたのですよ。

『家柄がつり合わないってお母さんは反対なんだが、若いが気骨と野心がある男だよ。これからの世の中はああいう男がいいと私は思う。小さい頃から相当に苦労をしたようだが、くじけたりいじけたりしていないところがいい。意外にこういう男は家庭を大事にするように思うのだよ。

この戦争がなかったら、陶子は私の門下生の誰かと一緒にさせようと思っていたんだが、私は今度のことでつくづく学問の限界を感じてしまった。こんな世の中では学問は無力だ。お前には経済的な苦労や挫折をさせたくないのだよ』

お父さまが私にこんなに長くお話しになったのは初めてだったし、私の将来を本当に気遣ってくださっているお気持ちがうれしかったから、今でもあのときの言葉ははっきり憶えていますよ。私はもちろん『お父さまがいいと思うようにしてくださっていいですわ』と答えたの。

そんなわけでおじいさまと一緒になったのだけれど、本当にお父さまのおっしゃるとおりでした。紹介してくださった大叔父さまを通じて承諾のお返事を差し上げたら、おじいさまは、それはもう喜んだらしくてね、すぐに飛んでいらしたのよ、私に贈り物を持って。真珠のブローチでした、ええ、ええ、いまでも大事にしていますとも……」

陶子は話しているうちに、まるで昨日のことのように、文太郎と出会った日のことを思い出した。文太郎が亡くなってこのかた、夫をこんなに身近に感じたことはない。ホスピスで聞いた夫の半生をアレンジしながら、陶子の昔語りは続いた。いつしか娘たちもその輪に加わっていた。陶子が描き出した文太郎の面影が、孫娘たちの多感な心に刻み込まれた。

それが実際の沢村文太郎の一面でしかないことを陶子だけは知っていた。

文太郎は世の中の悲惨さや残酷さ、絶望を嫌というほど味わい、夢や希望や正義といったものとはとうに決別していた。

だからこそ、戦争の影もなく、おっとりと育った美しい陶子に自分が失ったものを求め、床の間に飾るように大切にしたのだった。文太郎は、陶子のために、世の中の理不尽さに対する不満や怒りを事業欲に昇華させ、成功した。闇市で軍の放出品を売りさばいて財をなし、その金でトラックを手に入れ、食料品の売買でさらに資産を増やしていった。それを元手に片手間で始めた金貸し業も繁盛したが、容赦ない取り立てに人の恨みも随分かった。

結婚後しばらくして、若いふたりは白金の家に移ったが、これも借金のかたとして奪い取ったものだ。当時、その辺の事情を何も知らなかった陶子は、その家を見ると屈託のない笑顔を向けて、

「まあ、あなた、私、ここがとても好きですわ。綺麗な薔薇が咲いていますわ、ほら、そこに」

と手をたたいて喜び、まるで昔からここに住んでいたかのように、この土地になじんでいった。

近所の住民は元の住人を知っていたし、この家が文太郎の手に渡った事情も察していたが、下町と違って、そうした下世話の話をわざわざ陶子の耳に入れる隣人はいなかった。

第一、戦後の混乱のなかで没落した資産家は数知れず、この辺でも夜逃げ同然に姿を消す例は珍しくなかったのだ。それに加えて、陶子にはそうした話を耳に入れるのを躊躇《ためら》わせる気品があった。

「ご主人は得体の知れないところがあるけれど、陶子さんは本物ですわ」

と、お屋敷町の婦人たちを牛耳る老婦人が断言したところから、気ぐらいの高い婦人たちもこの愛らしい隣人を歓迎した。

そんなことは陶子の預かり知らぬことだったが、文太郎は、陶子こそが上流社会へのくさびであることを知っていた。自分自身は法の網を潜ったり、鬼とののしられるようなこともしてきたが、陶子の手を通すとどんな手段で得た金も清らかになるように思えた。

文太郎は最後まで陶子たちに残す不動産や株を守ろうと奮闘したが、娘や孫たちはそうしたことより、陶子が描き出した波瀾万丈の人生と宝石にまつわる人助けのエピソードとともに、文太郎を誇らしく思い出すのだった。

文太郎自身、その存在すら長く忘れていた宝石が沢村家の女たちを結ぶ絆となり、さらには陶子の昔語りを通して、娘や孫娘たちに自分の善良な面だけが語り伝えられようとは思いもよらなかっただろう。ましてや脱税逃れの裏金が宝石に化けて甦り、沢村家の女たちを輝かせることになろうとは……。

しかし、陶子は確信していた。自分が死んだのちも、この宝石とともに文太郎のエピソードが沢村家の女たちに代々受け継がれていくことを。

「孫たちには、ちょっとばかり本物のあなたより格好良く話してしまいましたけど、わかりませんものねえ、あなた。あなたが話してくださった真実はふたりきりの秘密の箱にでもしまっておいて、私がそちらにいくときに持っていくことにしますわね」

陶子は夫が好きだった屈託のない明るい笑顔で、文太郎の面影に語りかけた。

多美

残された大学ノート

日本のものよりひとまわり大きいハンバーガーを薄いコーヒーで流し込みながら、純一は明日の授業の発言内容を練っていた。

会社を辞めて、米国の大学のＭＢＡ（経営学修士コース）に留学して一年がたつ。最初に圧倒されたのは、授業の内容よりクラスの雰囲気だった。

「ＭＢＡのクラスに比べれば、日本の大学の授業なんて深夜の墓場みたいなものだな」

と留学生仲間と笑ったものだ。

誰かのプレゼンテーションが終わったとたんに、機関銃のようなディベートが始まる。ほぼ一ヵ月近く、純一も留学生仲間もクラスのディベートには参加できなかった。しかし、それではすまないことがわかった。

ＭＢＡコースの評価は、テストやレポートと同じくらい授業でのプレゼンテーションやディベートが重視される。また、各期の評価がクラスの下位10％の者は有無を言わせず落第となる。しかも驚いたことに、米国人のクラスメートの多くがＭＢＡの授業料を払うのに銀行ローンを組んでいた。つまり落第すれば銀行ローンだけが残るわけだ。だから皆、必死である。

一方、アジアからの留学生は国費留学が多い。彼らは誇りと愛国心に燃えていて、驚くほど熱心に勉強する。留学費用や授業料の大半を親からの仕送りと祖母の遺産に頼っている純一や、企業から派遣されて来ている日本人留学生とは真剣さが違う。アジアからの留学生が日本人を見る目つきにも、心なしか反感が感じられて、欧米人の友だちのようにはうち解けることは少なかった。

それでも、純一のように腰をすえてＭＢＡコースに通っている学生はまだましだ。

カリフォルニアで知り合った日本人の若者の大半が、「留学」とは名ばかりで、ロングバケーションを楽しむ観光客のような毎日を送っている。さして強い目的意識もなく、親から金を引き出して物見遊山気分でやってきたような者も多い。なかには夢を抱き、音楽や演劇を志して来た者もいたが、本場のエンターテインメントの世界の層の厚さや厳しさに耐えられず、大半の者が挫折していった。日本に帰るに帰れず、酒や薬に溺れていくケースも少なくない。日本人が集まる安酒場には、そうした芸術家崩れがたくさん酔いつぶれている。

こちらに来てしばらくは、日本人というだけで親近感を抱いてすぐに友だちになったが、一年もたたないうちに在米日本人の実態が見えてきた。

日本人留学生のグループは小さく固まって、欧米人ともアジア人ともかけ離れた異質な世界をつくりだしていた。

あるとき、地方都市出身の裕福な家庭の留学生仲間にそんな話をしたら、彼は大笑いして純一の肩をぽんと叩いた。

「固いことを言うなよ。ロングバケーションの何が悪いんだい。日本に帰れば、サラリーマンにでもなって一生しこしこ働くことになるんだからな。こんな極楽は一生のうちにいまだけかもしれないぜ」と、罪悪感のかけらもない。

それどころか、

「どうせ親には僕らがこっちで何をしてるかなんて、わかりっこないさ。ウチの親なんか、息子がアメリカの大学に留学していることを親戚や友だち連中にひけらかしているんだからね。明治時代じゃあるまいし、親父やおふくろの時代錯誤には笑っちゃうけど、まあ、そう思って喜んでいるんだから、これも一種の親孝行というものさ」

とうそぶいて、毎日、金髪娘の尻を追い回していた。


純一はそうした日本人仲間と離れて、米国人やインド人、韓国人の学生五人がシェアして借りている住宅に移った。それまでいた日本人留学生専用のレジデンスよりずっと狭く、古くもあったが、ぬるま湯のような「小日本」から抜け出さなければ、こちらに来た意味がないと思った。

英語漬けの環境に身を置いてスピーチ力を鍛えない限り、機関銃のようにまくし立てるクラスの討論に割り込むことはできそうもないし、せっかくアメリカにいる以上、この国や別な国から来た同じ年代の人々が何を考えているか、何を感じているか、もっと知りたいという気持ちもあった。

この作戦が成功して、今ではけっこう英語で考えられるようになり、クラスの討論にも積極的に参加できるようになった。日本人の友だちとつるんでいる頃には、なんとなく距離を置いていたアジアの国々の留学生や出稼ぎに来ている人たちとも、ひょんなことから親しくなった。

純一は簡単な会話程度ならタガログ語が話せる。祖父母のビルの一室を借りて住んでいたフィリピン人から教わったからだ。

タガログ語ができる日本人はとても珍しいらしく、フィリピン人の友だちができた。行きつけのレストランで働いている彼は、ある日、純一を自分の狭いアパートに招き、フィリピン料理をごちそうしてくれた。彼の部屋には同じように米国に出稼ぎに来たフィリピン人がよく集まっていた。純一は勉強に疲れたときなど、ビール持参でふらりと遊びに行くようになり、片言のタガログ語と英語を交えながら親交を深めていった。

あるとき、純一が親から仕送りしてもらっていると言うと、彼らはびっくりして、

「日本の親は、なぜ一人前になった子供に仕送りなんかするんだい。子供からの

仕送りがなくて、親はどうやって暮らしているんだ?」

と聞いた。

彼らの感覚では、「仕送り」とは成長した子供が親に金を送ることを指す。実際、彼らは働いた金を母国の家族に仕送りしていた。

祖母の多美から「日本でも昔は子供が親に仕送りをしていたもんだよ」と聞いたことがあるが、純一のまわりの友人や先輩で、親に仕送りしている人などひとりもいない。純一は彼らの質問に巧く答えることができなかった。

また、韓国人のルームメイトからは、日本人の歴史認識について厳しい議論を吹っかけられた。最初は嫌なヤツだと思ったが、彼の批判に反駁するために日本から歴史の本を数冊送ってもらい、勉強し直したことは有意義だった。

ふたつの国の「事実」とされていることをつき合わせてみると、互いに自国に有利なように事実をねじ曲げていることがわかった。韓国人のルームメイトともこれをきっかけに親しくなっていった。

他国の友人とのつき合いのなかでいろいろなことを気づかされた。違う価値観や違う世界観に直に触れて、初めて日本のことが見えてきた。それは、今までの自分の常識を見直すきっかけともなった。

「この街に移ったことは正解だった」と純一は思った。

しかし、まさかルームメイトのアンディが日本を研究テーマにしていることや、純一自身が研究材料にされることまでは知る由もなかった。

「ハーイ、ジュンイチ！　いま、いいかい？」

ノックと同時にルームメイトのアンディの丸っこい顔がのぞいた。後ろにはジュリイのそばかす顔も見える。

「またか」という純一の表情を無視して、ふたりはソファ代わりのベッドに座り込んだ。

「タナバタについて知りたいんだけど」

といつものように質問攻めが始まった。

純一は観念して本やノートを片づけるとふたりに向き直った。

ひとくさり説明すると、

「なんで僕にばかり質問するんだい？　他にも日本人はたくさんいるだろ。それに君の友人のジロウ大山だって日系人じゃないか」

「それがさ、彼らじゃだめなんだよ。ジロウの考え方はアメリカ人そのものだし、日本から来た留学生のなかでも君ぐらいなんだよ、実際に日本の古典行事を経験してきたのは」

と言う。

純一は「古典行事」という表現に苦笑しながら、

「日本人なら誰だって七夕くらい知ってるよ」

と反論した。

「いや、僕が知りたいのは辞書に書かれているようなことじゃない。実際の家庭でどんなふうにイベントをしているか、どんなふうにして続いてきたかなんだよ。正月、豆まき、雛祭り、端午の節句、七夕、お盆、お月見……。日本独特のそうしたホームイベントが、日本人の精神構造に与えてきた影響について知りたいのに、今じゃそんなことやらないとか、相当に簡略化されてるっていうんだ。一番大きなホームイベントはクリスマスだっていうんだからまいったよ。本当に家でやってきた経験を持っている君に会えてよかったよ」

アンディのガールフレンドのジュリィが口をはさんだ。

「ねえ、ご両親は特別な日本人なの？」

「いやあ、ごく普通の日本人さ。でも、祖父母がこういうことに熱心だったんだよ。七夕やお月見にはいつも祖父母の家で従兄たちと遊んだんだ」

「ふーん。僕らはおじいちゃんやおばあちゃんとはほとんど会わないな。僕が小さい頃はクリスマスには贈り物が届いたけど……。日本人は一族の絆が強いんだね。儒教思想が影響しているのかな」

「日本でも核家族化は進んでいるよ。一族っていう意識も、中国や韓国に比べれば薄いと思う。それでも祖父母と会う機会は多いし、すごく孫を可愛いがる人が多いね。実は、僕の留学費用だって亡くなった祖母がかなり出してくれたんだ」

アンディは軽蔑すべきか羨ましく思うべきか、ちょっと困ったような顔をしていたが、

「君のおじいちゃんやおばあちゃんはどんな人なんだい」

と聞いた。


純一の祖父、小野塚政夫は茨城の農家の次男として生まれたが、苦学して一級建築士の資格を取った。就職した東京の建設会社で事務員だった多美と知り合い、結婚して純一の父、勝俊が生まれた。しかし、ほどなく徴兵されて南方戦線に派兵され、言葉ではいいつくせない辛酸を味わった。

マラリアで見る影もなくやせ細った政夫が、福島の多美の実家にたどり着いたのは終戦の翌年だった。

夫の生死もわからないまま、多美は空襲を逃れて着の身着のまま実家に身を寄せていた。父や母は何かとかばってくれたが、乳飲み子を連れて転がり込んだ居

候に、一家の実権を握っていた兄夫婦は冷たかった。慣れない野良仕事を手伝いながら、身を縮めるように暮らしていた多美は、生きて帰ってきた政夫を見て号泣した。

「多美、東京に戻ろう。これから復興が始まる。仕事はあるはずだ」という政夫の言葉に、多美は深くうなずいた。

ふたりは三歳になった勝俊を抱いて上京した。ふところは寂しい限りだったが、多美の心はまた家族水入らずで暮らせる喜びでいっぱいだった。貧しい人々であふれ、すえた臭いが漂う二等車のなかで、多美は夫の痩せた肩にそっとほほを寄せて眠った。

上野駅には浮浪児がうろつき、闇市には人があふれていた。

幸いにも焼け残った家の一部屋を間借りすることができ、三畳一間のつつましい生活が始まった。

「多美、多美、仕事が決まったぞ」

仕事探しに毎日走り回っていた政夫が満面の笑顔で帰ってきたのは、上京して二週間目のことだ。多美が闇市の飯屋で働いて稼いだ金も底をつこうとしていたときだった。

その夜は、日頃無口な政夫が勝俊を膝の間に抱きながら、久々に焼酎を飲み、「もう、苦労はさせないからな。美味しいものもたくさん食べられるぞ。お前たちの家も建ててやるからな。なあ、勝俊、なあ、なあ」と楽しそうに膝を揺すった。

すきま風に揺れる電灯の下にはこころづくしのごちそうが並び、勝俊が何もわからずはしゃいでいた。


昭和三十年、「もはや戦後ではない」という言葉が日本中にあふれ、日本経済は高度成長期に入った。政夫の勤める建設会社も有卦《うけ》に入り、鉄筋コンクリート造りの新社屋を建てた。ほどなく政夫は課長に昇進した。

木造モルタルのアパートに移ったふたりの間には、勝俊に続いて次男の弘敏、長女の尚子が生まれていた。

政夫は連日のように残業が続き、土日も休みなく働いた。給料袋をそのまま多美に渡すような真面目な夫に、多美は懸命に尽くした。

相変わらず無口な政夫が、ある晩、思い詰めた顔をして、

「多美、俺は独立して設計事務所を始めたい。それには資金が必要だ。贅沢はできないが頼むよ」

と言った。

多美は黙ってうなずくと、翌月から給料の半分を積み立て預金に回し、知人のつてを頼ってサンダル工場から内職の口を見つけてきた。

親への仕送りと独立のための預金、それにアパートの家賃を払うと、手元にはいくらも残らなかった。家計は苦しく、高い食材は買えなかったが、その分、料理には手間暇かけた。そんな暮らしだったが、盆や正月、節句や子供たちの誕生日には必ずささやかな楽しみを用意して家族で祝った。そんなときは必ず政夫は定時に帰宅した。

多美は家事と内職の合間を縫って、家族の衣類を手まめに繕っては着回した。夫のワイシャツがほころびると丁寧に縫い目をほどき、子供たちのシャツやかっぽう着につくり変えた。誰に教えられたわけでもないが、手先の器用な多美にとって、わずかでも夫の独立費用やわが家を持つ足しになると考えると、これも楽しい工夫に思えた。

いつも口元に笑みが浮かんでいるような多美だったが、勝俊が仮病を使って学校をさぼったときは血相を変えて怒った。

「お前たちがご飯を食べられるのは、お父さんが一生懸命勉強をして世の中の役に立つ技術を身につけたからじゃないか。ウソをついて学校をさぼるなんて、お父さんに恥ずかしいと思わないのかいっ」

多美は涙を流しながら痩せた手で勝俊のほほを打った。勝俊が、わあーっと泣き出すと、目を丸くして見ていた弘敏と尚子も、多美にしがみついてわんわん泣き出した。

勝俊はそれから二度と学校をさぼることはなかった。

ほとんどの場合、子供たちが悪いことをしても夫の耳には入れなかったが、学校で誉められるようなことがあれば、にこにこして夕食のとき夫に報告した。

「そうか、偉かったなあ」と父に頭をなでてもらう誇らしさに、子供たちは皆よく勉強をした。


政夫と多美が念願の家を建て、独立したのは昭和四十年の秋だ。

「いい土地が見つかったから見に行こう」と、政夫が多美を連れて行った土地は、東京から電車で三十分くらいのK市にあった。

駅前はまだ雑然としていたが、活気に満ちた街だ。

今まで貯めた金に退職金を合わせて、駅前商店街の裏にある七十坪くらいの土地を買った。建築費のほうも、政夫の人柄と技術を見込んだ取引先の社長が保証人になってくれ、銀行から借り入れる目処《めど》がついた。

設計は政夫がした。一階が設計事務所、二階が貸家、三階が自宅の小さなビルだったが、多美には恐ろしく立派なものに思えた。

政夫は設計図を見せながら説明してくれた。

「木造と違って鉄筋コンクリートなら寿命が長い。いずれ子供たちが独立したら、一階を事務所兼自宅にして三階を貸すこともできるようにしておいた。そうすれば家賃収入が増えるからな。俺に万が一のことがあってもなんとか暮らしていけるくらいにはなるだろう。三階を貸家に改造する図面もつくっておいたから、お前もここにしまってあることを覚えておいてくれ」

新興住宅地を控えた地の利と誠実な仕事ぶりで設計事務所は軌道に乗り、数人の所員を抱えるまでになった。長男の勝俊は国立大学に進み、次男の弘敏も大学受験を控えたある日、突然の不幸が一家を襲った。

弘敏が交通事故で急死したのである。

病院に駆けつけた多美は、冷たくなった弘敏の身体を揺すって泣いた。政夫は拳をきつく握って悲しみに耐えた。

それから数日間のことを多美はよく覚えていない。徐々に平静を取り戻したが、胸のどこかにぽっかりと穴が空いたようだった。夕餉《ゆうげ》の支度をしていても、つい弘敏の茶碗や箸を並べてしまう。家族がいないとき、真新しい仏壇の前で多美はひっそりと涙を流した。

その涙も乾かないうちに、一千万円ほどの保険金と事故を起こした会社からの慰謝料がおりた。

ふたりが見たこともない大金だった。

今まで一円、二円まで大切にして、預金通帳の額が増えるのを楽しみにして暮らしてきたふたりだったが、この金だけは切なかった。ビルの借金を帳消しにしておつりが来る額だったが、息子の命と引き替えとなった金には到底手をつけられなかった。

やがて長男の勝俊は国立大学を卒業し、銀行に就職して結婚した。長女の尚子も短大を出て、就職した商社で知り合った男性と結婚した。

「お前だけが残されてしまったねえ」と、多美は弘敏の位牌に語りかけた。子供たちがいなくなった家は妙にうつろで、洗濯も掃除も食事の支度をするのにも半分の時間で終わってしまう。働き者の多美は時間を持て余した。

かといって、政夫と多美は遊ぶことも知らなかった。子供が小さい頃は、年一回の町内会のバス旅行に参加したりしていたが、金も時間も、そこそこできた今でも「旅行なんて贅沢だ」という思いが強い。

政夫は六十七歳になったとき、継ぎ手のない設計事務所をたたみ、一階を自宅にして三階を2DK二部屋の貸室に改造した。二～三階の貸室四室と駐車場収入と合わせれば、年間五百万円ほどの賃貸収入が入るようになった。年金を合わせれば八百万円ほどにもなり、夫婦だけの暮らしにはおつりが出た。

弘敏の保険金を元本にせっせと貯めた預貯金も、高金利で運用できて今では四千万円近い。

多美は定期預金が満期になると、戯れに「ねえ、お父さん、一度ふたりして温泉でも行ってのんびりしましょうか」などと言い、政夫も「そうだなあ」と答えるが、ふたりとも内心そんな機会は訪れないだろうと思っていた。

長女の尚子に初孫が生まれると、多美にはまた張り合いができた。

尚子の夫は羽振りがよいらしく、よく高価な菓子折りなどを持って孫を連れて遊びに来る。長男夫婦にも孫が誕生し、政夫が「純一」と命名した。

「孫の可愛さは格別だよ、多美さん」と友だちが言っていたが、二人の孫を持って多美はその言葉を実感した。自分の子供のときは、毎日の生活に追われて子供の成長をゆっくり見守る余裕はなかったが、孫となると違う。

「おじいちゃん、純一がつたい歩きをしましたよ」

「ばば、ばばっていうんですよ。ねえねえ、見てくださいよ、この目元。小さい頃の勝俊にそっくり」

孫が帰るとき、いつまでも名残り惜しそうに見送っている多美を見て、政夫は一眼レフカメラを買ってきた。何につけ始末な夫が、頬を緩ませてカメラの箱を

開けるのを横からのぞき込みながら、

「まあ、お父さん、随分奮発したねえ」

と言うと、

「これは望遠も接写もできて一番いいカメラだとさ。角のカメラ屋のおやじが言っていた。孫を撮るのだ、といったらまけてくれたよ、あのケチなおやじが……」

と笑った。

その夜、政夫はメガネをずらして説明書の細かな文字を熱心に読んでいたが、次に孫たちが来る頃までにはすっかり操作をマスターして、純一たちを被写体にさかんにシャッターを切った。政夫は写真が出来上がる日を居間のカレンダーに書き込んで、当日朝一番で取りに行った。

ピンぼけの写真も何枚かあったが、「まあまあお父さんの腕前もたいしたもんだ」と多美ははしゃいで一枚一枚熱心に見入り、政夫は得意げにカメラをなでた。それからは孫が来るたびにカメラを持ち出し、出来上がってきた写真を見ては、ふたりで孫たちの話をするのが夕餉の後の楽しみになった。

長女・尚子の娘、洋子を筆頭に五人の孫が出来、政夫が撮り貯めた孫たちのアルバムも五冊に増えた。

孫の純一は特にふたりによくなついた。長男夫婦にふたり目が生まれるときは一週間も祖父母の家に預けられたが、夜も多美と政夫の間ですやすやとよく眠った。多美は純一の寝顔を眺めながら、孫たちがこの後も苦労しないようにもっともっとお金を貯めようと思った。

孫たちにとって、祖父母の家は楽しい遊び場だった。ひとりで電車に乗れるようになると、いとこ同士が連絡し合って遊びに来るようになった。

多美は忙しい親たちに代わって、昔、子供たちにしてあげたように、中秋の名月には月見団子をこしらえたり、七夕には笹を取ってきては飾り付けをしたりした。大晦日には餅をつき、みんなで三家族分のお供え餅やのし餅をつくった。政夫はその都度カメラを持ち出し、写真の構図を気にしてあれこれ指示してはうるさがられていた。

長女の尚子があきれるくらい政夫夫婦の普段の暮らしはつつましかったが、近所や知り合いに不幸があると、多美はびっくりする額の香典を包んだ。

「祝い事は普通でいいけど、困ったときや不幸があったときはたくさん包むものだよ」

「だってお母さん、自分の洋服は一枚も買わないで、そんなことにばかりお金を使って……。たまには自分のために使いなさいよ。全部お父さんとお母さんが築いたものなんだから。私も兄さんもお父さんやお母さんのお金はあてにしてないんだから、パアーッと海外旅行にでも行ったらどう?」

「ありがと。でも、お前たちに面倒をかけずに生きていきたいからね。歳を取れば、ご近所様には何かとお世話になることもあるだろうし、困ったときは相身互《あいみたが》いだからねえ」

戦後生まれの尚子には、多美の金銭感覚も近所づき合いもわからなかったし、お洒落ひとつするでもなく、ひっそりと歳老いていく母がもどかしくもあったが、ある事件をきっかけに母の芯の強さを知った。

それは尚子の夫の浮気が発覚し、取り乱した尚子が子供たちを連れて実家に駆け込んで来た日のことだった。多美は、すっかり戸惑っておびえている孫たちに優しく話しかけて落ち着かせ、食事をさせた。孫たちが寝つくと、尚子から事情を聞いた。

翌日の朝、多美は尚子に「二〜三日、ここにいらっしゃい」と言い置いてどこかに出かけ、夕方戻ってきた。三日後に尚子の夫が恐縮しきって迎えに来て政夫夫婦と尚子に謝り、なんとか夫婦はもとのサヤにおさまった。

事態を収拾したのは多美だった。

多美は、尚子の夫を会社の近くの喫茶店に呼び出して事情を聞き、浮気相手のホステスと別れる意思があることを確認すると、その足で青山の弁護士事務所に向かった。青山なんていう場所には行ったことがなかったが、名刺の住所を頼りに探し当て、高山賢一に面会を申し込んだ。

高山賢一は、昔、多美たちの貸家に住んでいた夫婦の息子だ。共稼ぎで忙しい高山夫婦に代わって、幼い頃から自分の子供同様に可愛がり、成長を見守ってきた。高山夫妻が世田谷に引っ越してからは疎遠になっていたが、毎年律儀に年賀状と暑中見舞いが届き、自筆で簡単な近況報告まで書き添えてくる。そこに司法試験に合格して弁護士になったとあった。

賢一の顔を見るのは、五年ほど前に高山の父親の葬式で顔を合わせて以来だった。そのときに賢一は青山の弁護士事務所に勤めていると言い、近くに来たらぜひ立ち寄ってほしいと名刺を出した。

「いやあ、おばさん。よく来てくれましたね。なつかしいなあ、おじさんは元気ですか」

賢一はすっかり立派になっていたが、昔のままの丸顔に満面の笑顔を浮かべて迎え、後の約束をキャンセルして多美のために時間をとってくれた。

「実はケンちゃん、お恥ずかしい話なんだけどね」

一切の事情を話した多美に、

「そうか、尚ちゃんのご主人がねえ。しかし、まあこんな商売をしているとよくある話ですよ。心配ない、心配ない」と言った。

「むしろ相手が玄人でよかったですよ。尚ちゃんのご主人に別れる気があるんなら、しかるべき手切れ金を渡せば引っ込むでしょう。こうした問題は当事者同士では話がこじれるから、僕が間に入ります。そちらでお金を用意してくれれば、僕が直接手切れ金を渡して、今後一切会わないという合意書を取り交わして来ますが、それでいいですか」

「そんなに簡単にいくもんかねえ。相手さんも好いていたことだろうし。聞けばもう三年近くもつき合ってきたらしいし……」

「大丈夫、任せてください」

多美はその足で自分の預金から二百万円を引き出し、賢一に渡した。

二日後、事務所を訪ねた多美に、賢一は万事うまくいったと告げた。

尚子の夫が知ったら愕然とするくらい、相手はあっさりと手切れ金を受け取り、今後一切会わないという合意書に署名捺印したという。

浮気相手のホステスは無造作に金を数えると、

「そろそろ潮時だと思っていたのよねえ」と言い、

「いまさら修羅場を演じるほど野暮じゃないわよ」

と、口紅のついたタバコをもみ消して、さっさと席を立ったという。

お礼にいくらお支払いをすればいいのかと聞く多美に、賢一は笑って手を振った。

「何を水くさいことを言ってるんですか。僕は半分、おばさんたちの子供だったじゃないですか。おばさんの手料理で育ったようなものですよ。尚ちゃんは兄弟も同然だ。母もよく、おばさんには一生足を向けて眠れないと言ってます。お役にたてて本当にうれしいんですよ、僕は。いつでも喜んで相談にのりますからね。もっとも、こんなことはないにこしたことはありませんがね」。

バブル景気に向かって世の中がどんどん贅沢になっていっても、政夫夫婦の暮らしにはたいして変化はなかった。

夏も扇風機しかなかったが、多美はさして苦にならない。八十歳を超えてから政夫の体調がすぐれなくなったが、寝込むほどでもなく、朝早くからこまめに貸家の手入れをしていた。

「最近では学生用のアパートだってクーラーくらい付けてますよ」と近くの不動産屋に忠告されたと言って、「贅沢な世の中になったもんだ」と憮然としていたが、夏も終わりに近づいたある日、自宅の分と四軒の貸家のクーラーを注文してきた。

「季節外れだし、まとめて買うんだから」と値切れるだけ値切ったうえに、自宅の分も合わせて領収書を切らせたという。確定申告用である。

この顛末を聞いた多美と尚子は「お父さんもまだまだしっかりしてること」と大笑いしたが、それから半年後、政夫は癌で亡くなった。

入院したときは手遅れだった。

主治医は「相当以前から痛みもあったはずですが、我慢強い方ですな」と多美に言った。

政夫は最後まで意識がはっきりしていて、個室に移そうとした家族に、

「そんな贅沢はしなくていい」

と言い張り、大部屋から動こうとしなかった。

多美の献身的な介護や、代わる代わるに訪れる孫たちの見舞いを素直に喜んでいたが、自分が癌で余命いくばくもないことは悟っていた。

いよいよいけないとなると、政夫はやっと個室に移ることを承諾した。この後のことを話し合うには、さすがに大部屋では具合が悪いと思ったからだ。

多美は病室に簡易ベッドを入れてもらい、毎晩泊まり込んだ。夫婦は淡々と相続やその後のことを話し合い、多美は政夫の思い通りにすることを約束した。

その翌日の明け方、容体が急変し、政夫は息を引き取った。

政夫が亡くなったときは悲しかったが、次男の弘敏を亡くしたときとは違って、やるだけのことはやったという静かなあきらめが多美を包んだ。

長男や長女が家を売って一緒に暮らすよう説得し、孫たちもそれを勧めたが、多美はガンとして譲らなかった。

「お父さんが建てたこの家が今までみんなを支えてくれたのだから、私は最後までここで暮らすよ。この家には弘敏がいるし、お父さんもいるからちっとも寂しくはないさ。この家は私の根っこみたいなものなんだからね。これからはこの家が私の暮らしを支えてくれるし、孫たちの足しにもなるだろうよ」

政夫は多美に自宅兼貸家と六千万円近い預貯金を残した。多美個人の預金も三千万円近くあった。

「個室なんて贅沢だ」などと最後まで言っていた政夫であったが、高額医療費の還付金と生命保険の入院特約だけで、入院費用と葬式代に相当する金額が戻ってきた。

「まったくお父さんたら、こんなところまで帳尻を合わせて逝ってしまったよ」と、多美は泣き笑いしながら息子や娘に話した。

自宅兼貸家は多美が相続して相続税を払い、子供たちに一千万円ずつ分けた。

多美は家賃収入のなかから「孫たちの教育費の足しに」と孫一人ひとりに月々五万円ずつを仕送りした。そして、孫たちの大学入学や卒業祝いには五十万円、百万円といったまとまった金を贈与した。

孫たちが小遣いをねだると、多美はその理由を聞き、納得すれば額の多寡にかかわらず貸し与えた。

「これはきちんと帳面につけておくからね。大人になって働くようになったら、お父さんとお母さんにちゃんと返すんだよ」と言って渡し、どう使ったかも報告させた。

多美はどんどん贅沢になる世の中を見て、孫たちにお金の使い方を考えさせたいと思っていた。孫たちは密かにこれを「祖母《ばあ》ちゃん金融」と呼んでいたが、使い道を報告しなければならないと思うと、あまり無駄な使い方はできなかった。どんな使い方をしても、正直にさえ話せば怒られはしなかったが、報告するとき「恥ずかしいか、恥ずかしくないか」で、なんとなくいい使い方と悪い使い方がわかるようになっていった。

勝俊や尚子は、母が自分たちに黙って孫たちにかなり多額な小遣いを与えているのを知ると、

「母さんがそんなことまでしなくていい。そのお金は自分のために使うべきだ」

と言い張ったが、

「弘敏の残したお金の使い道がようやく決まってはればれしているんだよ。あれにね、お前の甥っ子、姪っ子の教育のためにお前のお金を使わせてもらうよって話したら、あの子もお父さんも賛成してくれたんだ。だから私の好きなようにさせておくれ」

子供たちはそれを聞くと、黙って頭を下げた。

多美はその後十年間ひとりで暮らした。

多美と一緒にビルも大分年老いてきたが、地の利がいいのと家賃が相場より安いことで、いつも満室だった。

不動産屋は反対したが、多美は外国人にも部屋を貸した。日本に出稼ぎに来た東南アジアの人たちが、なかなか家を貸してもらえなくて困っているという記事を新聞で読んだからだ。

戦争が終わって親子三人で上京したとき、三畳一間の部屋を借りることができた時の安堵感は、今でも忘れられない。また、貧しい家計から親に仕送りを続けてきた多美には人ごととは思えなかった。

外国人にも部屋を貸してくれるところがあると聞いて、四部屋が全部外国人ばかりになってしまったこともある。気がつくと2ＤＫに六人も七人も住んでいることもあった。

近所の人々は困ったものだと眉をひそめていたが、多美に遠慮して真っ向から文句をつけるものはいなかった。習慣や言葉の違いからやトラブルもあったが、多美は折に触れて夕食などに招いては、辛抱強く日本の習慣や言葉を教えた。言葉はよく通じなくても、相手の気持ちはなんとなく通ずるものだ。

多美の人柄がわかってくると、彼らのほうからもよく相談や遊びにくるようになった。七夕やお月見など、孫たちが集まるようなとき、多美は彼らにも声をかけた。みんなで多美の自慢料理を食べたあとは、ゲームをしたり、歌を歌ったりして楽しんだ。陽気で子供好きな人が多く、足腰が弱ってきた多美に代わって、よく孫たちの相手をしてくれたものだ。

多美は「日本のバーチャン」と慕われた。ちょっと具合が悪くて引きこもっていたりすれば、入れ替わり立ち替わりに「大丈夫か」と見舞いに来てくれた。

帰国した後からも、手紙と一緒に幸せそうな家族の写真が届いた。手紙が届くと、孫の純一を呼んで、拙い英語の手紙を翻訳してもらった。

「まあまあ、あの子も幸せに暮らしているようで安心したよ。こっちではいろいろ苦労したからねえ」

すっかり涙もろくなった多美は、純一を相手に彼らの話をし、手紙と写真を何度も何度も眺めては涙をぬぐった。

多美は八十五歳で世を去った。

死ぬ数日前に勝俊と尚子に言った。

「私の葬式はごくごく質素にしてほしい。戒名なんてどうでもいいから安くあげておくれ。葬式代なんてしょせん死に金だよ。孫たちの教育に回せば生き金になる。教育は何よりの投資だ。お父さんは見る目があったから、いいところに土地を買って金のなる木をつくってくれた。その金をお前たちの教育に投資できたから、本当によかった。

そうそう、純一は今度アメリカに勉強に行くんだってね。戦争に負けたときは、まさか孫がアメリカの大学に行く日が来るとは夢にも思わなかったけれど、たいしたもんだ。ばあちゃんががんばってこいって言ってたと伝えてくれ」

死期を悟っても明るい多美に、子供たちは地味だが、気丈にまっすぐに戦前戦後を生き抜いてきた母の強さと賢さを見た思いがした。

「それからあの家は売らないほうがいい。あの場所なら一階も店舗として貸せるだろうよ。私の預金も大分貯まっているから、それで改修して貸すといい。古くはなったけれど、まだまだ金のなる木だよ。ほら、父さんの相続のときによくしてくれた税理士の木村先生を覚えてるだろう。少し前に木村先生が見舞いに来てくれてねえ、いろいろと相談にのってもらったんだよ。先生が言うには、お前たちふたりで共有相続できるそうだから、そうしてもらって家賃を半分ずつに分けて孫たちのために使うといい。それからね、できれば日本に来ている外人さんにも貸してあげておくれ。住む家がないってことは本当に辛いもんだよ」

遺言どおり、身内だけの葬式を終え、多美の位牌を仏壇に納めたとき、孫の純一が仏壇の引き出しからきちんと整理された資産のリストや貯金通帳とともに、古びた七冊の大学ノートを見つけた。

三冊の表紙には「預金」というタイトルとナンバーがふってあり、次男の弘敏が亡くなった年からの預貯金の額や金利、預け換えの記録が几帳面な多美の字でびっしりと記されていた。

二冊は単に「記録」とあり、貸家の収益や経費、修繕記録などが政夫の独特の筆跡で記されていた。政夫が亡くなった翌年からは、多美が引き継いで記録を残していた。

そして、比較的新しい二冊のノートには、孫たちに与えたお金とそれをどのように使ったかという報告が、多美の字で細かく記されていた。

居間には二十冊を超える孫たちのアルバムが残されていた。中を開くと、一枚一枚の写真に政夫の解説が添えられていた。それと一緒に、フィリピンからの手紙や写真も大切に保管されていた。

それらは政夫と多美の人生そのものの記録だった。


純一は、父や尚子叔母さんから聞いた話も交えて、祖父母の一生をアンディたちに語った。アンディとジュリィは珍しく質問も挟まずに、じっと聞き入っていた。

話が終わるとアンディが言った。

「ジュンイチ、今日はどうもありがとう。どんな講義より君の話は素晴らしかった。敗戦国の日本がなぜこんなに早く立ち直れたのか、なぜ信じられないような個人資産を持つ国になったのか、少しわかったような気がするよ。マサオとタミみたいな人たちが日本にはたくさんいたんだね」

純一は急にこそばゆくなって、

「そんなわけでさ、僕は立派な祖父母の残してくれた金で、君たちの国にアメリカンドリームをつくりだした精神とビジネスモデルを学びに来た甘ちゃんというわけなんだよ」と笑ってごまかした。

「なかなか切り返しがうまくなったじゃないか。君の永遠のスポンサーであるタミのためにも明日のディベート、がんばれよ。ジュンイチが落第したら、タミが尻を叩きに日本から飛んでくるぜ。タミはとっても魅力的な人だけど、幽霊相手のヒアリングは僕らごめんこうむるぜ」

アンディはそう言って立ち上がったが、急に真顔になって、

「そうだ。この話、今度僕らの研究会でもう一度話してくれよ。僕ら、日本のことや日本人のことを表面的にしかわかっていなかったみたいだ。今日の君の話で

それがわかったよ。ぜひ頼む。タミとマサオの生き方を伝えることは、子孫である君の責務でもあると僕は思う」

純一はしばらくためらっていたが、深くうなずいた。

ふたりを送り出して部屋に帰ったとき、七夕の笹に短冊を結びつけている浴衣姿の多美と、幼かった純一を肩車して笹のてっぺんに短冊をつけてくれた政夫の姿が、まるで写真でも見ているようにはっきりと脳裏に甦った。

「おじいちゃん、おばあちゃん……」

窓を開けて星を見上げてつぶやいた純一のほほを、カリフォルニアの乾いた風が優しくなでた。

昌子

芝桜のように

美貌の母の眉間《みけん》に縦じわが刻み込まれたのは、一体いつ頃からだったのだろう。母の寝顔を見ながら、昌子はふとそんなことを思った。

敏江が夏風邪をこじらせて肺炎になり、都心のK病院に緊急入院して今日で丸一週間。芸能人や政治家の入院騒ぎでよくマスコミにも取り上げられるブランド病院だけあって、医師も看護婦も入院患者もどこかあか抜けた感じがする。

熱が下がり息苦しさも消えると、あれほど大騒ぎをしたことはころっと忘れて、何かと優しい言葉をかけてもらえる環境が気に入ったらしく、

「やっぱり田舎の病院とは違うわねえ、お医者さんもスマートで格好がいいし、看護婦さんも美人揃いだし、親切だし。ほら、昨日、見舞いに来てくれた安田さんたら、ロビーなんかまるでホテルみたいだって驚いていたわ」

などと、気楽なことを言っている。

何かにつけて地元の病院と比較しては優越感を丸出しにする敏江だったが、やはり身内が来ないと心細いらしく、帰るときには必ず、

「明日来るときは何々を買ってきてちょうだい」

と、財布から無造作に一万円札を取り出しては、たわいもないようなおつかいを頼む。

そんな母にいらだちを覚えながらも、花が好きな敏江のために、今日も病院内の花屋で一抱えのトルコ桔梗を買い求めた。法外な値段にも驚いたが、枕元に飾ると、トルコ桔梗の鮮やかさが、かえって敏江の容貌の衰えを際だたせているのを見て、昌子はハッと胸をつかれた。


敏江は、昔から娘にも化粧を落とした顔を見せない人だった。

平凡な顔立ちの娘にとって、美貌の母親は時にやっかいな存在だった。敏江は常にその場の主役でなければ気が済まず、昌子はずっとその陰に甘んじて生きてきたように思う。

七十の坂を超えてからも美容やおしゃれに余念がなく、今年四十六歳になる昌子よりも化粧品や洋服に時間も金もかけている。容体が安定して、まず始めにしたことは、シルクのガウンとパジャマを買いに昌子をデパートに走らせることだった。

「ついでにお前のも買っていらっしゃいな。ほんとにあなたはおしゃれに無頓着なんだから。晋さんに嫌われますよ」

と、一万円札を数枚抜き取って昌子に渡したものだ。しかし、残りの金はいつものように、夫や子供の下着代や夕飯の食材に代わった。

緊急入院だったので、ちょうど空きが出た大部屋に回されたが、二日目には「大部屋なんかじゃ見舞いに来てくれた人にも格好が悪い」と文句を言い出し、一日四万円もする個室に移った。なんてもったいないと昌子は思ったが、すべて母のお金で賄っている以上、文句は言えない。

それだけではない。敏江は担当医師や看護婦になにがしかのお金を渡してくれと言い出した。

「医師や看護婦への付け届けは固くお断りします」と『入院のしおり』にも書いてあると言ったのだが、

「そんなこと、建前に決まっているじゃないの。やっぱりちゃんとお礼を包まなくっちゃ、肩身が狭い」

と聞かない。

「お金がだめなら、ご自宅に何か送っておいてちょうだいよ」

と十万円ほどのお金を昌子に渡した。敏江は万事がそんなふうで、娘の昌子が千円札を使う感覚で一万円札を使う。

母の金銭感覚には到底ついていけない、この調子じゃ死ぬまでにあらかた資産を食いつぶしてしまうわ……。昌子は、見栄っ張りで浪費家の母に対する苛立ちと、そんなふうに考えたことへの後ろめたさを同時に感じていた。

昌子の夫、杉山晋は高校で歴史を教えている。

賃貸アパートや駐車場などの家作から、月々百万円近い不労所得が入る未亡人の敏江と比べれば、公務員の給料で親子四人やり繰りしている杉山家の暮らしはつつましい。

高校生と中学生、ふたりの息子たちの成績は優秀だから、せめて大学までは上げたいと思うと、「シルクのパジャマやガウンなどとんでもない贅沢」という気持ちになる。しかし、母の小遣いが、杉山家の食卓にちょっとした華やぎをもたらしているのも事実だった。

夫にも子供たちにもこれといった不満はない。夫の晋はわがままな義母の敏江にも辛抱強く接してくれるし、「まるで入り婿みたいね」とまわりから思われても気にしている様子もない。

生徒からは「ガマ杉」なんてひどいあだ名をつけられているようだが、温厚で親身な性格が生意気盛りの高校生にもわかるのか、生徒たちにはけっこう人気があると人づてに聞いている。

ただ、いつの間にか昌子も中年と呼ばれる歳を迎え、腰まわりに肉もついてくると、もう若くはないという漠然とした寂しさに襲われるときがある。そんなときは、近くに住む幼なじみの洋子を呼び出してお茶をするのが常だ。

「何年も旅行にもいってないわあ、洋服だって随分買ってないし」

「あたしなんか、もう入る服がないわよ」

洋子は太った身体を揺すって昌子の愚痴を笑いとばしてくれる。

洋子とは大学も一緒で、若い頃はダンスパーティーに合コンにと、家を離れた開放感を一緒に楽しんだ仲間だ。ユーミンの曲が流れるなかで、切ない片思いを告白し合ったこともある。

結局、ふたりとも地元に帰って平凡な結婚をし、育児や家計のやり繰りに追われてきたが、時々会うと口調まで二十代に戻るから不思議だ。

ふたつ目のチーズケーキをぱくつきながら、

「でも、昌子のところはいいわよ、すてきな家があるんだもの。庭付き一戸建てなんて持てないわよ、普通は。うちなんかあの小さいマンション買うのが精いっぱい。一生、庭付きには住めないわ」

洋子がため息まじりで言った。

昌子夫婦は二百坪ほどもある実家の敷地の一角に、十五年前に家を新築した。

今風の、どこもかしこも明るい家が完成したときは、友だちを招いては羨ましがらせたものだったが、四十歳を超えると安普請の底の浅さが見えてくる。

それに対して母屋は軒が深い昔風の造りで、夏は木立と軒が日射しを遮《さえぎ》り、冬は広縁が日溜まりになって心地よい。庭石の間を縫うように毎年ピンクと白の芝桜が咲き乱れ、古い日本家屋特有の暗さを跳ね返している。

母の敏江は雑草のような芝桜を好まなかったが、昌子はたくましくて明るいこの花が好きだった。芝桜の明るさを愛したのは、いさかいの絶えない両親への反発からだったのかもしれない。

両親の口喧嘩はしょっちゅうだった。五年前に亡くなった父は大層ハンサムで、昌子の自慢の父だったが、母に言わせると「女たらしのだらしない男」ということになる。

昌子が幼稚園の頃だったろうか。

「ひっー」という異常な声と物の割れる音で目を覚ました。

父と母が激しく言い争っている。

父の低い声は聞き取れなかったが、

「わかってるのよ、相手はあの女でしょう。いくらつぎ込んだの、あの女に！　え、どうなのよ」

と、ものすごい剣幕で母は父に詰め寄った。

母の声の恐ろしさに縮み上がって動けないまま、そっと隣を見ると、兄たちも目を覚ましたまま、じっと布団のなかで息をひそめていた。


「あの頃からかもしれない、母の眉間に縦じわができたのは」

昌子のひとりごとが聞こえたかのように、敏江が目を覚ました。

「あら、来ていたの？　起こしてくれればよかったのに。あら、トルコ桔梗、綺麗ねえ」

敏江は目を細めた。そんなとき眉間のしわは目立たなくなる。

「そうそう、省吾や健二とは連絡をとってくれただろうね」

「省吾兄さん、仕事の関係で当分は帰れないって。健二兄さんも今週は無理だって言ってたわ」

敏江の眉間のしわがまた深くなった。

「きっと玲子が邪魔をしているに違いない、省吾も健二も嫁のいいなりなんだから。自分が困ったときは来るくせに、親が入院しているのに見舞いにも来ないなんてねえ」

長男の省吾、次男の健二の話になると、敏江の愚痴はとまらない。

昌子は心の中でため息をついた。これほど愚痴をこぼしても、兄たちがいざ来るとなると敏江は華やぐ。まるで恋人にでも会うように、おしゃれをして迎える母の姿を何度も見ている。

いつものように愚痴の繰り返しが終わると、思ったとおり、

「そうそう、省吾への送金はしてくれた？　あの子もわがままな女に捕まったばっかりにニューヨークで苦労しているだろうからねえ」

と、長男の心配を始めた。

兄の省吾はT大を卒業し、大手商社に入社した敏江の自慢の息子だ。同期入社の玲子と盛大な結婚式をあげ、いったんは家に入った。しかし、まわりが危惧したとおり、古風な敏江と合理主義の玲子とはそりが合わず、三年とたたないうちに長男夫婦は子供を連れて家を出た。帰国子女で、なんでも思ったことをずばずば言う玲子は、美貌でも気性でも敏江に負けていなかった。

その日も孫の麻利亜のしつけを巡って口論の末、玲子は敏江に、

「お母様と私は考え方も生き方も違いすぎます。一緒に暮らすこと自体が不自然ですわ」

と言い放った。

翌日に玲子は荷物をまとめて麻利亜を連れて出ていき、追いかけるように兄も家を出てしまった。それ以来、玲子が夫の実家に顔を見せたのは父の葬式だけだ。

後から知ったことだが、そのとき玲子は才能を認められて、大手外資系企業から誘いがかかっていたという。このチャンスを邪魔する人間は、義母だろうと夫だろうと切り捨てるくらいの強い決意をしていたようだ。

結局、玲子は外資に移り、一年後にはニューヨーク転勤が決まった。最初は単身赴任していたが、今では家族三人でニューヨークの近郊に住んでいる。

兄夫婦からは、年に一回、サイン入りのクリスマスカードが届くだけだが、玲子は水を得た魚のように仕事に邁進《まいしん》し、今では百人以上を統括する部門の責任者となっているらしい。

昌子が玲子の近況を知ったのは、ある雑誌で玲子を取り上げていたからだ。「ニューヨークで活躍するキャリアウーマン、花房玲子さん」という見出しの横で、五番街をバックに、ほっそりとしたシルエットの高価そうなスーツをまとった玲子が自信に満ちた微笑みを浮かべていた。

「玲子さんは本当にスーツが似合う人だった」。

五年前、父の葬儀のときも、玲子は通夜の席に、グレーのシルクのスーツに同色のシフォンのスカーフをふんわりと巻いた洗練された姿で颯爽《さっそう》と現れ、衆目《しゅうもく》を集めた。そして、葬式が終わった翌日には「仕事がありますので」と、ニューヨークに戻ってしまった。

身勝手な兄嫁のことを母は怒りきれないが、その怒りのなかには主役の座を奪われたことも幾分かは入っているに違いないと、昌子は思った。昌子も確かに義姉の身勝手なやり方には驚いたが、一方で、まわりになんと思われようと、わが道を行く強さに圧倒されてもいた。

花房の家を出るときも、ニューヨーク勤務が決まったときも、玲子は決断したら綿密に準備をし、ためらうことなく実行に移した。昌子はその自信と行動力が羨ましかった。

「玲子義姉《ねえ》さんに比べて、省吾兄さんは情けない」と昌子は思う。

省吾は妻に引きずられるようにして商社をやめ、ニューヨークで新しい仕事についたがうまくいかず、職を転々としている。小遣いにも事欠いているようで、何かと口実をつけては五十万円、百万円と、母に援助を求めてくる。母に頼まれて、ここ数年間、長兄に送金の手続きをしてきた昌子は、玲子の身勝手な行動より、むしろ兄のふがいなさを腹立たしく思う気持ちが強い。

次男の健二は関西の大学を出て、そのまま公務員となって関西にとどまり、地元の有力者の娘と結婚して入り婿のような暮らしを送っている。スポーツマンだった健二も二重あごになって昔の面影はない。

父が亡くなって三年目、突然、訪ねてきた健二と母がひそひそと話し込んでいるのを、昌子は偶然耳にしてしまった。

「だって母さん、まずいんだよ。澄江の実家には言えないし、三千万円ほど都合をつけてくれないか。この間も、暴力団まがいのヤツが役所にまで取り立てに来て、危ないところだったんだ。早く穴埋めしておかないと役所にばれてしまう」

百八十センチもある身体を丸めるようにして、母に頼み込んでいる次兄の背を、昌子は複雑な思いで盗み見た。

後で、母はため息をつきながら事の顛末を話してくれた。健二は妻に黙って株や不動産に手を出していたらしい。小遣い稼ぎのつもりだったが、バブル崩壊で大損をして四千万円近い借金に追われ、二進《にっち》も三進《さっち》もいかなくなったという。結局、三千万円は母が穴埋めをした。

エリートといわれる男たちのひ弱さとずるさを、昌子はふたりの兄に見ていた。

幼い頃から長兄はガリ勉タイプ、次兄は野球に夢中だったので、親しく遊んだ記憶はない。

兄たちは両親の整った顔立ちを受け継いだうえに、勉強もスポーツも良くできた。上級生や同級生に校庭の隅に呼び出され、兄にラブレターを渡してほしいとこっそり頼まれたことも一度や二度ではきかない。

しかし、ふたりとも大学入学を待ちわびるように家を出て、学生時代も家に寄りつかなくなった。その気持ちはわからないでもない。父と母の関係がよそよそしくなっていくのと比例するように、母は兄たちに暑苦しいほどの愛情を注いだ。そんな家庭環境のなかで、ひとりは勉強に逃げ、ひとりは野球に逃げ込んだのだろう。

幼い昌子にとって救いは父だった。ダンディな父は昌子をいつも一人前のレディのように扱ってくれた。容貌も勉強も十人並みの昌子を「可愛い」と言ってくれたのは、父と夫の晋だけだ。しかし、母は自分の娘にさえ嫉妬して辛くあたった。母の冷たい仕打ちに「もしかして、私はお母さんの子供じゃないのかもしれない」と悩んだこともある。

ただ、年頃になると、女の影が絶えない父への嫌悪感から、父への愛情は薄れていった。誕生日にはいつも年頃の女の子が大喜びしそうなものを買ってきてくれたが、若い愛人にも同じことをしているかもしれないと思うと、素直に身につけることができなかった。

とうに父の女癖の悪さに愛想をつかせた母は、対抗措置として父の手にお金が回らないよう、自分で花房家の財産を管理するようになった。金には無頓着な父の性格を幸いに預貯金の名義を書き換え、家賃収入もすべて母の敏江名義の口座に入るようにしたのである。

心が離れた男への母の復讐であった。

「男って動物はお金を持たせるとろくなことをしない」

母は苦々しい口調でよくそう言ったものだ。父もすねに傷のある身だったから、そんな母のやり方を黙認し、表面的にはまずまず仲のよい夫婦を装っていた。


父は六十五歳のとき脳梗塞《のうこうそく》で倒れ、五年余りの闘病生活の末に亡くなった。葬式に参列した人々は、連れ合いを亡くした悲しみに品良く涙をぬぐう敏江の姿に同情し、慰めの言葉をかけた。誰も夫婦の間の深い溝にも、花房家の財産を母が牛耳っていることにも気づかなかった。

夫の死後、敏江はひとりで広い母家に住み、食事の支度や掃除洗濯は昌子任せにして、芝居見物やら旅行やら自由気ままに暮らしている。

「お父さんが亡くなっても相続の対象は不動産の一部だけだから、その点はたいして心配はないよ。私名義の預金が八千万円くらいあるし、お父さんの保険金も入るから、税金を払っても十分な金額は残るはず。この金はいずれお前に渡すからね。省吾や健二は何もしなかったんだから当然よ。このことに関しては、大丈夫、口は挟《はさ》ませないから安心してちょうだい」

葬式が終わってしばらくして、敏江は昌子にそう言った。

しかし、一向にそのための方策を講じる様子はない。昌子も昌子で、兄たちのように巧く聞き出すすべを知らなかったし、敏江もまた、昔から何一つねだったこともなく、温かい家庭を築いている娘に言われのない反感を持っていた。

「世話になった昌子に財産を残す」と言ったことは、敏江の理性であり計算であって、感情ではやはり娘より息子のほうが数倍可愛い。そして敏江は理性より感情の人間だった。

母の言葉を夫の晋に話すと、

「口約束なんて、法律上はなんの拘束力も持たないよ。あのお義兄さんたちがそんなことで素直に引っ込むはずがない。後々面倒が起こるんじゃあないかなあ」

とぽつんと言った。

「せめて預金の名義変更だけでもしておいたらどうだ。お義母さんにはぴったりの税理士の知り合いがいるから、今度、相談してみるよ」

晋は二、三日して、学生時代の友人という滝沢を家に呼び、事情を説明した。昌子は一目見て「お義母さんにぴったりの税理士」と夫が言った意味がわかった。滝沢は母好みの端正な容貌の持ち主だった。昔から面食いの母は二枚目にはめっぽう弱い。

「まあ、この場合、打てる手は少ないけれど、杉山のためだ。会って話してみるよ」

滝沢はその足で、晋と一緒に病院に出向いた。

「まあ、晋さん、よく来てくれたわね。もう退屈で、退屈で。あら、お連れがいらっしゃるのね」

敏江はさっそく、滝沢に目をつけた。

「元気そうじゃありませんか。今日は友だちの滝沢を紹介しておこうと思いましてね。税理士をしているので、いろいろとお義母さんの事業の相談相手になれるんじゃないかと連れてきたんですよ」

「初めまして。いやあ、杉山からお噂は聞いていましたけど、これほど美しい方とは思いませんでしたよ。まいったなあ」

敏江はそのひとことですっかり上機嫌になり、話にのってきた。

「女ひとりで事業をしているとわからないことばっかりで。特に税金の話となるとさっぱりで頭が痛いんですよ。昔からお願いしている税理士の先生はもうお歳で腰が重いし……。相談にのっていただければうれしいわ。まあ、お座りになって」

このあとどんな会話が交わされたか、昌子は詳しくは聞かなかった。

しかし、敏江は小一時間ほどもしゃべり続け、滝沢の勧めにしたがって、とりあえず預金通帳の名義を昌子に書き換えておくことを承諾したという。翌日には取引銀行のお気に入りの担当者を病院に呼びだして、手続きを済ませた。

「案の定、滝沢はすっかり気に入られたよ。滝沢のほうはあのあともしょっちゅう呼び出されて閉口しているようだけどね。今度、うちの税務を全部任せたいとまで言っているらしいんだ。あいつ、学生時代から頭も切れたけど、口の巧さも天下一品だったからなあ」

「最近、ご機嫌がいいのはそういうことだったのね。でも、とにかく助かったわ。こんなこと、私からは言い出しにくいもの」

「まあ、名義を書き換えても相続財産に含まれるらしいんだけど、民法上は権利が移っているから強いらしい。あの調子ならまだまだ元気で長生きされるだろうけど、通帳がお義母さん名義のままじゃ、お前が入院費をおろすにも手続きが面倒だし、万が一のことがあったら口座は凍結されてしまうからね。いずれにしても、そろそろお金の管理はお義母さんじゃ無理だろう」

しかし、その「万が一」のことが、まさかこんなに早く起こるとは、晋も昌子も予想だにしていなかった。

すっかり元気になって退院した敏江は、一カ月後、友人が運転する車で草津温泉に出かけた帰り、交通事故に遭った。警察から連絡を受けた昌子夫婦が病院に駆けつけたときはすでに手遅れだった。

遺体を東京に搬送する手配から、兄たちへの連絡、通夜、葬儀の手配まで一切を夫の晋が進めてくれた。昌子は悲しみよりも驚きで呆然としていたからだ。アメリカから急遽帰国した長男の省吾が形ばかりの喪主を務めたが、妻の玲子は最後まで姿を見せなかった。

省吾と健二は少しだけ涙を流し、参列者にも丁寧に応対していたが、葬儀を終えると、後始末や今後の手配などを昌子夫婦に押しつけて早々に帰ってしまった。それからは、香典返しの手配や四十九日の準備やら、ただただあわただしく過ぎた。

やっと四十九日の法要を無事に終えて親戚縁者も帰り、ほっとしていた昌子を、兄たちは裏の座敷に呼んだ。

「昌子、この家の名義は確かおふくろになっていたよな。それにかなりな金額も貯め込んでいたんだろ。それがどうなってるか、お前なら正確なところを知っているよな」

「僕にも長男として相続のことをきっちり片をつけておかなけりゃならない責任がある。全部話してくれ」

兄たちに代わって、すべてを取り仕切ってくれた晋への感謝の言葉もなく、突然相続の話を始めた兄たちの身勝手さに、昌子はむっとした。今日くらい兄弟水入らずで母の思い出話でもしようかなどと思って、酒肴《しゅこう》の支度をしていた矢先だったから、なおさら腹が立った。

「兄さんたちはこの先、どうしようって思っているの」

「遺言もなかったんだし、この家も含めて法定相続どおり三分割するんだろうな、やっぱり」

「だからといって、なにも、お前にここから出ていけなんてことを言うつもりはないから、そんな怖い顔をするなよ。でも、土地代なしで家が建てられたんだから、お前が一番得をしているわけだ。さっき省吾とも話したんだが、母屋のほうの敷地とアパートや駐車場を売って、現金で僕らの相続分を払ってくれればいいってことになったんだ。不動産のほかに、母さんの貯め込んだ金も相当あるだろ、それも三人で分ければ後腐れなしだ」

一方的な言い方にかっとした昌子は言い返した。

「預金はお母さんが私に残すからって言って、私名義に書き換えてくれた分もあるわ。母さんの面倒をずっとみてきたのは私よ。兄さんたちはなにもしなかったじゃない。それに、ふたりとも今までに随分お母さんからもらってたわよね。省吾兄さんに送金した額も、健二兄さんに渡した額も知ってるわよ」

痛いところを突かれて一瞬ひるんだ兄たちだったが、

「まさかお前がそんなことを言い出すとは思わなかったよ。これでお前の考えはわかった。そういうことならこっちも弁護士を立てるからな」と言い捨てて、兄たちは憮然として帰っていった。兄の背をやりきれない思いで見送りながら、昌子は夫の晋の言葉を思い出していた。

その後の争いは思い出すのも嫌だ。

兄たちの嫌がらせに近い電話攻勢に、昌子はノイローゼになりかけた。

見かねた晋が滝沢に相談した。

滝沢は「う〜ん、そこまでこじれると正直言って僕の手には余るなあ」とうなっていたが、パンと手を打って「この手のことにめちゃくちゃ強い先輩がいるよ」と、木村という税理士を紹介してくれた。

木村が間に立ち、双方の弁護士とも協議した結果、昌子名義に移した預金の四千万円は昌子のものと認められたが、法定相続分の不動産については処分して、相当分を現金で兄たちに渡すことで決着がついた。

お金には執着した兄たちだが、仏壇や位牌はいらないと言い、墓を誰が守っていくかといった話になると、「何をいまさら時代錯誤のことを言ってるんだ」と一蹴した。仏壇は昌子が引き取った。母の一周忌も待たないで、花房家の不動産は、母の愛した息子たちによって処分された。

一周忌の席で、何食わぬ顔をして花房家の長男として堂々と挨拶をする省吾を、昌子は冷ややかな目で見つめていた。

確かに血はつながっているはずなのに、兄弟なんてこんなものなのか。「三回忌や七回忌なんてやらなくていいさ」と断言した兄たちに、「もうこれからは会うこともないだろう」と昌子は思った。

そう思ってもさほど寂しくはなかった。この一年間の醜い相続争いにやっと決着がついたかと思うと、むしろほっとした。

家とか家督相続といった概念はすっかり薄れて、個人主義がよしとされる時代となったいま、考えようによっては兄たちのほうが今風なのかもしれない。しかし、本当にそれでいいのだろうか。世の中の価値観が大きく変わるなかで、昌子は何が正しいのかが、わからなくなってきた。

いよいよ生まれ育った家が取り壊される日が来た。

一部始終を知っている洋子が心配して昌子を連れ出そうとしたが、昌子は断った。音をたてて壊されていく家を、土埃《つちぼこり》の向こうに見つめながら、

「これからは杉山昌子として生きていこう。花房の家に私をつなぎとめるものは何もなくなったんだから」

と思った。

突然、玲子の颯爽とした姿を思い出した。

そうだ、シルクのスーツを新調しよう……脈絡もなくそんなことが頭に浮かんだ。長い長い脇役の座から抜け出すときが来た。母は死をもって私を解放し、自由を堪能できるほどの資産まで残してくれたんだから。

……壊された家の瓦礫の向こうに、新しい風景が開けた。自分の前にも新しい世界が広がっている。そこには新しい自分がいる。

しかし、そのとき、昌子ははっと気づいた。今までのすべてが自分のルーツであることに。わがままな母に翻弄《ほんろう》され、兄たちとの相続争いに疲れ果ててはいたが、善きにつけ悪しきにつけ、そうしたすべての積み重ねが今の私をつくってい

るのだ、と。


人はどうしたって他人にはなれない。毎日毎日の積み重ねが自分なのだ。過去との決別なんかできるはずはない。過去をなくしたら自分はない。

これは過去を抱えながら、次の段階に歩き出す一歩なんだ……。

「やっぱり父や母の供養はこれからも私がやろう。でもそれは家のためではない。私自身のためであり、子供たちに自分のルーツを伝えていくために……」

そう決心がつくと、心配そうに見つめている洋子を振り返り、

「私はもう大丈夫。さっぱりしたよ」

と明るく笑った。

その足元では、ブルドーザーに踏みつぶされた芝桜がまた頭をもたげていた。

美智子と陽子
夜明け前

深夜の電話には不吉な響きがある。

美智子は反射的に手元の目覚まし時計を見た。

午前三時四十分。

とっさに思い浮かんだのは、アメリカにいるひとり息子の達也のことだ。あわてて受話器を取ると、幼なじみの瀬川陽子の声が飛び込んできた。

「みっちゃん、主人が倒れて、いま、私、病院なの。娘たちにも連絡したんだけど、すぐには来れないし。私ひとりで心細くて」

「えっ、それで、大介さんは?」

「救急車で運ばれて集中治療室に入ったきり、まだ何もわからないの。意識もないのよ。どうしよう……」

涙声の陽子に、

「とにかくすぐ行くから」と、病院の場所を聞いた。

六十五歳とはいえ、これまで苦労知らずにきた陽子のことだ。おろおろと夫に付き添って身一つで病院に行ったに違いない……。美智子はすぐに身支度すると、自宅の金庫から三十万円ほど抜き出して茶封筒に入れ、入院に必要と思われるものを見繕って紙袋に詰めた。

あわただしい気配を察して起き出した夫の和夫に、手早く事情を説明すると、美智子は家を飛び出した。


大通りに出ると、運良くタクシーがつかまった。

深夜の首都高はさすがにすいていて二十分ほどで病院に着いたが、どこにも陽子の姿がない。

通りかかった看護婦を呼び止め、とっさに、

「先ほど救急車で運ばれた瀬川大介の身内のものですが」と名乗った。

看護婦は救急センターで名簿を調べてくれたが、

「先ほどお亡くなりになりました。奥様が付き添われて霊安室のほうへお移ししましたので……」と一礼し、霊安室まで案内してくれた。

霊安室では、陽子が遺体の横にひとりぽつねんと座っていた。

髪を結う暇も、化粧をする暇もなかったのだろう、日頃は若々しく見える陽子が、今日は十歳も年老いて見える。

駈け寄ってきた陽子が、堰《せき》を切ったように話し出した。

「脳梗塞ですって。家のトイレで倒れたの。救急車が来たときにはもう意識もなくて……、でもまさかこんなことになるなんて」

とりとめもなく話しているうちに、能面のように無表情だった顔が突然くしゃっくしゃと崩れ、顔を覆った両手の間からとぎれとぎれに嗚咽《おえつ》が漏れた。

突然のことに慰める言葉も見つからない。しかし、明日からは通夜やら葬式で悲しむ暇もなくなるはずだ。今は心ゆくまで泣くといい……。

美智子はそう思いながら、陽子の肩を抱いた。夜明け前の病院は底冷えがする。リノリュームの床からじんじんと寒さが這い上がってきた。

美智子は、何十年も前に、ちょうどこうして身を寄せ合って迎えた静かな朝のことを思い出した。

それはふたりが九歳、国民学校三年生の頃だった。

ふたりは学童疎開の宿舎になっていた寺を夜中にこっそり抜け出した。その日の昼、大人たちがあちこちで集まっては「東京が大空襲に遭ったんだと。東京じゅうが火の海だとよ」とひそひそ話をしているのを耳にして、一緒に東京に帰って両親を捜そうと約束したのだ。

東京までの電車賃はない。でも、線路づたいに歩いていけばきっと東京に帰れると信じて、月明かりを頼りに線路端の道を歩き始めた。

ざわざわと森が鳴り、木々の影が恐ろしい化け物のように見えた。ふたりは知っている限りの童謡を歌いながら、指が痛くなるほどしっかり手をつないで歩き続けた。

「みっちゃん、あたしもう歩けないよう」

とうとう陽子が泣きべそをかいた。美智子のお腹もぐうっと鳴った。もう何日も薄い雑炊しか口にしていない。

美智子は立ち止まってふところからお手玉を出すと、袋の隅を小さく破って金平糖を数粒取り出した。疎開に送り出すとき、母が「非常食に」とこっそり持たせてくれた宝物だった。甘さが口のなかに広がると少し元気が出た。

「ね、がんばろう」

美智子は陽子の手を引っ張ってまた歩き出した。

ほどなく大きな川がふたりの行く手を阻んだ。

黒々とした鉄橋が見えるだけで、歩いて渡れるような橋は見当たらない。ふたりはくたくたとうずくまった。痩せた素足も粗末なズック靴やズボンの裾も、朝霧でぐっしょり濡れそぼっている。

春まだ浅い三月だった。

ふたりは川岸の草むらで凍える身体を寄せ合って泣きじゃくった。やがて川の向こうに冷たい太陽が昇り始めた。朝の光が広がると、目の前には見慣れない景色が広がっていた。

「みっちゃん、どうしよう」

痩せて目ばかり目立つようになった陽子が、涙と泥で汚れた顔を上げた。その顔にはとんでもないことをしでかしたという思いと、もう二度と両親に会えないかもしれないという絶望感が交錯していた。

　美智子とて思いは同じだったが、陽子のおびえた顔を見ると、私がしっかりしなくっちゃという気持ちが湧いてきた。

「陽ちゃん、大丈夫だよ。絶対に大丈夫。お父さんやお母さんときっと会えるって。帰り道だって、ほら、いま来た線路づたいに戻ればいいんだから。それにね、これからは、あたしがお姉さんになってあげるからさ」

「ほんと？　ほんとにほんと？」

「うん。今までウソなんて言わなかったでしょ」

　その日から、陽子はどんなときも何があっても、美智子の傍を離れようとはしなかった。陽子を励まし、面倒を見ることで、美智子は自分自身の心細さを紛らわせた。

　それから半年余りして、日本は連合国に無条件降伏した。ふたりは迎えに来た家族と再会し、うれしさと寂しさが入り交じった気持ちで別れた。

　以来、いろいろな変化があり、住む世界も別れていった。学童疎開の想い出も次第に薄れていったが、美智子はあの朝を境に、どこかで陽子とつながっているような気がする。

「瀬川さんのご親族の方ですね。ちょっとよろしいですか」

看護婦の声で、美智子は現実に呼び戻された。

浅い眠りについた陽子をそっとイスの背もたれにも預けると、看護婦に目顔でうなずいて立ち上がった。身内然として病院の支払いや死亡診断書の手配などを済ませていると、陽子の長女が到着し、続いて次女の家族も駆けつけた。もう自分の出る幕はないと思ったが、長女も次女も突然のことにおろおろするばかりで一向に物事が進みそうにない。美智子の性分では、そのまま放っては帰れなかった。

美智子自身、この十年間に夫の両親、自分の両親の葬式を立て続けに経験し、人ひとり見送ることの大変さを身に染みて知っている。葬儀そのものは葬儀屋が進めてくれるが、それでも身内がやらなければならないこと、決めなければならないことはたくさんあるものだ。四回も葬式を出せば、その辺の要領もわかってくる。

会社はたたんだとはいえ、陽子の夫は、戦後、日本の外食産業をリードした瀬川コーポレーションの社長である。それなりの葬儀は出さなければならないだろう。美智子は心のなかで腕まくりをした。

早朝、瀬川大介の遺体は成城の家に移され、葬儀屋が手際よく祭壇を整えていった。陽子は遺体から離れようとせず、菊と線香の香に包まれてぽつねんと座っている。

その間にも、問い合わせの電話が立て続けに入り始めた。美智子は陽子に代わって、通夜、告別式の手配から関係者への連絡、身内の食事の支度などを手際よく進めていった。

「あの方は誰か、ごぞんじ?」

「きっとご親類の方でしょ?」

「お姉さんにあたる方とか、うかがいましたけどね」

「あら、陽子さんって、確かひとり娘だったんじゃ」

「じゃ、瀬川さんのほうかしらねえ」

キッチンでは、手伝いに来てくれた近所の主婦たちがこんな会話を交わしていたが、いつの間にか、てきぱきと采配を振るう美智子に指示を仰ぐようになっていった。

陽子の長女に言って、朝一番に瀬川大介名義の口座からお金を引き出させたのも美智子である。

葬儀には何かと現金が必要だが、本人名義の口座は死亡が確認されると同時に凍結されてしまう。陽子も娘たちもお嬢様育ちでこうしたことには疎《うと》いうえ、長女の夫は海外赴任中、次女のご主人も開業医なので、そうそう瀬川の家に詰めてはいられない。

通夜の準備が一段落したとき、陽子を手招きしてこっそり聞いた。

「陽ちゃん、こんなときにこんなこと言いにくいんだけど、大介さんから相続のことや遺言書のことなんか聞いている?」

陽子は途方に暮れたように首を振り、

「ここ数年、主人は大変だったようだわ。いろいろ雑誌にも取り上げられたから、みっちゃんも知っているかもしれないけれど……。会社は整理したけど、瀬川個人にどのくらい借金が残っているのかわからない。主人はそうしたこと、私には何も言わなかったから」

まあいい、ともかく今は葬儀を滞りなく済ませることだ。相続のことはその後で相談にのろう。そうそう税理士の木村さんを紹介しよう。あの先生ならきっと巧くやってくれるだろう。美智子はそんな心づもりをしながら、陽子の喪服を取りに二階に上がった。

着付けをしている間にも続々と生花や花輪が届いた。生花や花輪には経済界はもちろん、誰もがその名を知っているアーティストや俳優の名前もあった。美智子はいまさらながら、瀬川大介・陽子夫妻の華やかな人生を垣間見たような気がした。

通夜と告別式には千人を超す会葬者が予想された。

美智子は、まだぼおっとしている陽子の肩を叩き、

「さあ、気張って乗り切るのよ。悲しむのはあと。今日はあんたが主役なんだから、舞台にでも立ったつもりできっちり喪主をおつとめなさい」

陽子ははっと目が覚めた様子でうなずくと、

「ありがとう、なにもかも」と言って、迎えの車に乗り込んでいった。

陽子や親族を送り出した美智子は家のなかを手早く片づけると、茶菓の用意をし、親族の夜食用の出前も頼んでおいた。こんなときも食べ物のことに気をまわすのは、工務店のおかみさんとして生きてきた美智子の習い性だ。

夫の和夫と一緒にゼロから築き上げた工務店も、今では三十人ほどの従業員を

抱えるようになった。美智子は工務店を立ち上げたときから、経理から銀行との折衝、売掛金の回収まで一手に引き受け、その合間に従業員の昼食の支度までしてきた。

八年ほど前に株式会社組織にし、夫の和夫が代表取締役社長、美智子は専務となったが、今でも「親父さん、おかみさん」と呼ばれている。

さすがに現場の数が増えた今は弁当づくりまでは手が回りかね、仕出し弁当を頼んでいるが、普通のサラリーマンが食べている弁当よりはずっと豪勢だ。少しでも時間があると、手づくりの佃煮や漬け物、煮物などを届け、三時頃には到来《とうらい》物《もの》の茶菓子などを携えて現場を回る。そんなふうだから、岩田工務店の現場の昼飯時や休憩時間は、近所の人が建前でもあるのかとのぞくくらいにぎやかだ。

「〝腹が減っては軍《いくさ》ができぬ〟って言うだろう」と夫は言い、苦しい時代から「職人たちの食べ物には金を惜しむな」と美智子に教えた。

「一緒に働くものは一緒に飯を食う」というのも、夫の和夫がつくった岩田工務店のルールである。

「職人っていうのはひとくせもふたくせもあるのもいるし、無口で何を考えてるのか、さっぱりわからないのもいる。しかしな、一緒に飯を食っていれば自然に口も開くし、気心が知れるようになるもんさ。一緒に仕事をやる以上、気心が知れていないといけない」

和夫は昼飯時になると、よそから助っ人に来た職人たちにも、

「おい、一緒に飯を食っていけや」と気さくに声をかけ、相手もまたそれを楽しみにしている。だから、昼食はいつも人数分より多め多めに用意するのが習慣になっている。

「おかみさん、こりゃあ気張りすぎだよ」

親方格の伸さんはよくそう言ったものだ。

しかし、美智子にとって従業員は養うべき家族だった。会社組織になってもその気持ちは変わらない。和夫と美智子が築き上げた岩田工務店は、会社というより岩田一家とでも言ったほうが似合う家族的な雰囲気を持っている。

夫の片腕である「伸さん」こと、井上伸介も元は流れ職人だったが、そうした

美智子夫妻の心意気に惚れ込んで居着いてしまった人物だ。

必要なこと以外には一切口を訊かず、いったん口を開けば、他の職人の仕事を思うさまこきおろす伸さんに、

「腕は一流なんだが、口がな、どうもいけない」

和夫も当初はぼやいていたが、いつしかなくてはならぬ人になり、美智子夫妻の住む岩田ビルの二階に住み着いて、今では家族同様に暮らしている。

口が悪いのはさっぱり直らないが、道理は通っているし、腕っぷしも強いので、職人仲間にも内勤の若い者にも一目置かれる存在だ。

伸さんは酔うと、

「親父さんとおかみさんがいなけりゃ、俺はきっと極道になっていたろうよ。ほれ、な」と、諸肌を脱いで背中の入れ墨を見せる。

和夫のほうが実はひとつ年下なのだが、そんな伸さんにまで「親父さん」と呼ばれるのはそれだけの人徳と風格があるからだろう。

和夫は戦災孤児で、親戚をたらい回しにされ、中学生のとき、遠い親戚にあた

る棟梁の家に預けられた。子供がいなかった棟梁夫妻は実の息子のように鍛え、惜しみない愛情も注いでくれた。

和夫が独立したいと切り出したときも、

「お前にこの家を継がせようと思っていたが、男は外で自分の力を試すことも必要だろうよ」と言い、きっぱりと送り出してくれた。

岩田工務店の看板をあげるまでには様々な苦労はあったが、

「棟梁に拾われるまでの辛さを思えば、どうってことはない」と笑いとばし、

「お前には苦労をかけるだろうが、これからは俺の流儀でいくから頼んだよ」

和夫はそう言って、新妻の美智子に頭を下げたものだ。

「俺の流儀」は職人への支払いにも表れている。当時は職人への払いはどこも二十日締めの翌月五日払いだったが、和夫はサラリーマンと同様、二十日締めの二十五日払いにした。

「月末はなにかと金がいる。月末に入る金と月初めじゃあ、同じ金でもありがたさが違うもんだ」と和夫は言い、取引先への支払いも、休日を挟む場合は前日に

振り込んでいる。

万事がそんなふうだからいい職人が居着くし、取引先も離れない。中小工務店の多くが、ハウスメーカーの傘下に入って細々と生きのびているなかで、岩田工務店はどこの傘下にも入らず、地元に深い根を張っていた。


瀬川大介の告別式には千人近い人が弔問に訪れた。

陽子は一人ひとりに丁寧に頭を下げ続けながら、まるで自分の魂が遊離して、ドラマを見ているような錯覚にとらわれていた。目を上げると、胡蝶蘭に囲まれた夫の遺影が大胆不敵な笑みを浮かべている。

ひとまわり以上も年上の瀬川に見そめられて結婚して以来、夫に頼り切って生きてきた。奔放な性格に振り回されることも、外に女をつくったこともあったが、振り返ってみれば頼りがいのある夫ではあった。

数年前に、瀬川コーポレーションの内幕を暴露する記事が出て、自宅までマス

コミが押し掛けてきたときも、おろおろする陽子に、

「一度は死んだ身だ。何を書かれようとも気にはしないさ。さ、皆さんに入ってもらいなさい」と優しく言い、

「どうせ遅くなるだろうから、みんなの分も夜食を用意してあげてくれ。茶漬けでもなんでもいいからね。お前も食事を出したら寝るといい。心配をかけてすまんな」と深夜まで取材に応じた。

瀬川は江田島の海軍兵学校の生き残りだ。

海軍士官として戦艦大和へ着任する予定だったが、出撃直前、病に倒れて海軍病院に送られた。瀬川を残して出撃した戦艦大和は、昭和二十年四月七日、九州南西洋上で米軍機三百機余りの攻撃を受けて轟沈し、二千五百人余りが戦死した。そのなかには多くの先輩や同期生がいた。

それ以来、「残りの人生はおまけのようなものだ」と開き直り、終戦後はビジネスの世界に飛び込んだ。海軍兵学校で習い覚えた英語でアメリカ流のビジネスを学び、闇市の食い物屋から一大外食チェーンを興した。

必要とあれば単身渡米し、米国企業のトップに面会を求めた。米国ではまだまだ日本人への憎しみや反感が強く、屈辱的な扱いも数知れず受けたが、瀬川は捨て身で食らいついた。とうとうアメリカのフランチャイズシステムの導入に成功したとき、インタビューに来た若い新聞記者に「一度は死んだ身と思えばこそできたのだ」と語った。

フランチャイズチェーンは大成功を納め、巨額の富をもたらした。やがて瀬川は不動産業にも手を伸ばし、軽井沢には文化人のためのハイクラスなホテルを建てた。次々に新しいビジネスを成功させていた瀬川に、金融機関はいくらでも融資した。

若手アーティストたちの後援者としてもその名を知られるようになり、軽井沢のホテルにマスコミや評論家、財界の友人知人を頻繁に招いては、コンサートや展覧会を開いた。その活動は多くのマスコミに取り上げられ、瀬川は一躍、時の人となった。

「芸術を金で操る成り上がり」などと陰口を叩かれることもあったが、意に介さなかった。海外の人々と親交を深めるうちに、経済力だけでは一流国として認められないことを痛感し、次第に経営そのものよりも文化や芸術の振興にのめり込んでいった。

しかし、バブルが弾け、経営は急速に悪化した。不動産、絵画、海外投資の失敗が決定的だった。銀行は手のひらを返したように追加融資を渋り、経営は行き詰まった。軽井沢のホテルを手放し、外食チェーンのほとんどを売却。数カ所にあった別荘も人手にわたった。

いかにおっとりした陽子とて夫の苦境はわかっていたが、なすすべもなかった。今後のことを夫に問う間もなく、夫は急逝してしまった。

延々と続く読経のなかで、陽子は世間と自分を隔《へだ》てていた盾を永遠に失った心細さを噛みしめていた。

瀬川大介の告別式が終わった夜、美智子もまたなかなか寝つかれず、何度も寝返りを打ちながら陽子のことを考えていた。

こんな華やかな葬儀に参列するのは初めてだった。芸能界や財界の大物や有名なアーティストが現れる度にカメラのフラッシュが光った。雑誌やテレビで見かける顔が陽子を気遣って何やら声をかけていた。

夫がいつか陽子のことを「床の間向きの女の人だ」と言ったことがあるが、喪服の陽子は、同性の厳しい目から見ても侵しがたい気品があった。色黒で男顔の美智子と違い、昔から西洋人形のように可愛かったが、その後の瀬川との贅沢な暮らしが美貌に磨きをかけたようだ。六十五歳になったいまもシミひとつない白い肌をしている。

「結婚式はTホテル、告別式はA斎場、陽ちゃんはいつも一流だ」

美智子はため息をついた。当時はまだ珍しい純白のウエディングドレス姿で登場した陽子の輝くような美しさに、参列した人々からほおーっというどよめきが上がったのを、美智子は今でもはっきりと覚えている。

「それに比べて、あたしの人生は地味なものだ」

……美智子は荒れた手をそっとさすった。美智子は結婚式らしい結婚式をあげていない。両親は大工の和夫との結婚を認めず、和夫の親代わりの棟梁がささやかな祝いの席を設けてくれた。自分はウエディングドレスどころか、白無垢の花嫁衣装も身につけたことがない。今までそんなことは考えたこともなかったが、今日はなぜかとても不公平なことのように思えた。

思い起こせば、ずっと働きづめだった。

新婚生活を楽しむような経済的なゆとりもなく、独立した和夫を必死で支える日々が続いた。和夫は修繕や改造、改築の仕事を取りに毎日営業に出かけていた。

今でこそリフォーム産業は一大マーケットとなっているが、その頃は「リフォーム」という言葉もない時代だった。新築と比べると修理や改修工事は気苦労ばかり多く、その割に儲からない。そのうえ、他の大工や工務店のずさんな工事の後始末をする羽目になることも多い。

「岩さんのような腕のいい大工が、なんでまたそんな半端仕事を」

職人仲間は首をひねったが、和夫には和夫なりの夢と勝算があった。

「家はちゃんと建ててちゃんと手を入れてやりさえすれば、四十年でも五十年でも持つもんさ。それなのに放っておいて、どうしようもなくなってからなんとかしようとする。こうなっちゃ改修するのも新築するのも同じくらいかかるから、建て替えようということになる。そりゃあ、大工にとっちゃ改修より新築のほうがいいが、まだまだ使える家を取り壊すのは嫌なもんだ。壊すときに家の泣く声が聞こえるみたいでなあ。だから俺はそうなる前に修繕や修理をして、家を長持ちさせることを仕事にしようと思ったんだ」

独立したといっても、最初は棟梁の建てた家を回っては修繕を引き受けたり、新築現場の助っ人に駆り出されたりして細々と食っていた。しかし、やがて施主の奥さんたちともすっかり顔なじみになり、和夫の人柄や技量がわかるようになると、だんだん大きな仕事が回ってくるようになった。

新築よりも難しいといわれる改修や改造工事を通じて腕を磨くと同時に、設備工事屋や塗装職人らとのつき合いも広がった。

「改修工事をしていると、どこの職人がどんな仕事をしているかがひと目でわかるもんだ」

和夫は難しい仕事が入ると、腕のいい職人を選りすぐって声をかけ、こちらの取り分を割いてまで高い手間賃を払った。職人たちは、和夫から仕事を頼まれると、なんとか都合をつけて駆けつけてくれるようになった。職人を引き寄せたのは金額だけではない。腕を見込まれたことが職人には何よりもうれしいのだ。和夫には職人の気持ちが手に取るようにわかった。

増改築は段取りが勝負である。住みながらの工事になるので、工期は短いほど施主は喜ぶ。和夫のところに頼めば巧くて早いと評判がたつようになり、増改築だけでなく建て替えなどの依頼も増え、美智子の毎日もそれにつれて忙しくなった。

事務所と資材置き場にしていた土地が都市計画道路にかかって思いがけない補償金が転がり込むといった幸運も重なって、小さいながら自社ビルも建て、その最上階に美智子夫妻は住んでいた。すべて二人三脚で築いてきたものだ。

和夫はとにかく現場が好きで、六十五歳を超えた今も現場で采配をふるっている。女遊びをするでもなく、たまに仕事仲間や取引先と飲みに行くぐらいで、普段は古女房と仕事の話をしながら、一合ほどの晩酌をちびちびやるのが何よりの楽しみという手のかからない夫である。

美智子は、一瞬でも陽子の華やかな人生をうらやんだ自分を恥じた。

六十五歳になってもやりがいのある仕事があり、夫も元気なのだ。どこに不満があるものか。やっぱり私の選んだ人生は正しかったんだ……。

そういう結論に達したとき、安らかな眠りが訪れた。


陽子の夫の葬式から二年ほどたったとき、美智子の毎日を根底からひっくり返すような出来事が起こった。

夫の和夫が現場で足場を踏み外して大けがをしたのだ。命には別状はなかったものの、大腿骨骨折と腰椎圧迫骨折で半年以上の入院と、歩けるようになるまでには長いリハビリが必要という。

見舞いに来た知人や従業員には、「こんなけがは屁《へ》でもない」と強がりを言っ

ていたが、美智子にだけは、

「俺が長く休むとなると、伸さんだけじゃ手が回りかねるだろうし、営業のほうも心配だ。達也は戻っては来ないし、これからどうするもんか、頭が痛いなあ」

と弱気をのぞかせた。

「まあまあ、お父さん。これもゆっくり休めという神様の思し召しなんだから」と慰めていたが、半年が過ぎても現場に復帰できる目処がたたないとなると、工務店の仕事にも様々な悪影響が出てきた。

工事の見積もりにせよ、クレーム処理にせよ、和夫の信用と的確な指示があったからこそ仕事が取れていたことを痛感する毎日が続いた。

そのうえ、間の悪いことに、取引銀行の支店長と担当者が一度に交代した。新任の支店長は融資枠の圧縮に汲々《きゅうきゅう》として、杓子定規なことばかり言っては追加融資を渋る。社長が長期入院中ということもマイナスに働いた。

悪い話は努めて話さないようにしてきたが、手に余る問題が多すぎた。ひとりでは持ちきれなくなったある日、洗いざらい実状を打ち明けた。

翌日、和夫ははればったい目をして、

「こうなったら仕方がない。ＨＫハウスの鴻池さんを呼んでくれ」と言った。

ＨＫハウスは東日本を拠点に、派手な宣伝と営業力で業績を伸ばしている新興ハウスメーカーだ。以前から傘下に入らないかと幾度となく持ちかけられていた。北関東支店の鴻池という支店長が特に熱心だった。地元で評判のいい岩田工務店を押さえれば、販路の拡大にも結びつく。ＨＫハウスは最近、リフォームの子会社もつくり、パック料金で受注を増やしている。鴻池からすれば、リフォーム工事にも強い岩田工務店は是が非でも傘下に納めたい存在だった。

「改修工事は開けて見ないとわからないもんさ。パック料金だなんて旅行じゃあるまいし、素人考えもいいとこだ」

和夫は苦々しく言い捨てて、今までまともに相手にしなかったが、鴻池は和夫の入院を絶好のチャンスとみたのか、病院にも足繁く見舞いに来た。

和夫は、鴻池が帰ると、

「鴻池って男は、ＨＫハウスそのものみたいなヤツだな。見た目はいいが、中身は薄っぺらいし、信用がおけねえ」

と嫌って、体《てい》よくあしらっていた。

しかし、従業員を養っていくためには背に腹はかえられない。中小工務店が仕事を絶やせば、すぐに資金繰りは悪化する。銀行はすでに追加融資に渋い顔をしている。これを乗り切るにはメーカーの資金力が必要だった。

鴻池は連絡を受けると、

「いや考えていただけましたか」と、ニコニコ顔でやってきた。

「私どもと手を結べばもう安心ですよ、奥さん。経営のほうもお手伝いしますし、営業のほうもまったく心配ありません。なんといっても、当社の住宅は施工が間に合わないほどの人気ですからねえ。お宅のようなしっかりした工務店さんに協力していただけるとなれば、鬼に金棒ですよ。さっそく帳簿のほうも拝見させていただきましてから、契約書を用意してまいりますから……。通常、社長が入院中ということですと、本社のほうもいろいろうるさいことを言ってくるんですがね、私のほうでそこは万事巧くやりますからご安心ください」

しかし、一週間後に持ってきた契約書に目を通して和夫は目をむいた。

「鴻池さん、こりゃどういうことなんだね」と指さしたところには、代表取締役社長・岩田和夫の次に、専務兼社長代行・鴻池幸男となっていた。

鴻池はしらっとして、

「岩田さんが社長としての業務が執行できない状態である以上、資本参加をして、本社から経営者を送り込むべきだという話になりましてね。それじゃあ岩田さんもやりにくかろうと、私がトップと直接調整しまして、当面、私がそちらの経営をみさせていただくということでどうかと……。ええ、ええ、おっしゃりたいことは重々承知してますとも。もちろん経営権は岩田社長にあるわけですし、なんのご心配もありませんよ。ただ、当社としても資本参加する以上、いろいろと形を整えませんとねえ」

一度は突き返そうとしたが、和夫は思いとどまった。

経営という面では、確かにこれからは新しい方法も必要かもしれない。それに、俺が現場に出れるようになりさえすれば……と、無理矢理自分に言い聞かせ、従業員にもその旨を伝えた。

一カ月後、岩田工務店の看板の上に、黄色と赤の派手なＭＫハウスの看板が取り付けられた。美智子は複雑な思いでそれを眺めていたが、鴻池は追い打ちをかけるように、経営改革と称して今までのやり方を改めるよう指示した。

事務所の一角に社長室をつくり、そこにおさまると、美智子まで従業員のように扱い出した。職人や事務員には最初から高飛車に出たものだから、誰も寄りつかない。

建築のことはパンフレットに毛がはえたほどの知識しかないが、金にはめっぽう細かい男だった。

「岩田さん、ちょっと……。これは一体どういうことですか」

鴻池が仕出し屋の伝票をひらひらとさせて、美智子を呼んだ。

「この伝票ですよ。職人の昼食の弁当代なんて冗談じゃない」

目を三角にして文句を言う鴻池に、美智子はやんわりと言い返した。

「これはウチのやり方ですよ。職人あっての仕事なんですからね」

「困ったもんだな。これからはこうした経費は認めませんから、岩田さんもその辺をよくわきまえてくださいい。経費はすべて本社規定通りですからね」

「そんな馬鹿な」と息巻く美智子を手を振って追いやると、鴻池は書類に目を落とし、聞く耳をもたない。

ところが、本社の人間が来るとなると、弁当代にまでケチをつけた鴻池が一転して接待ゴルフや夜の接待などに湯水のように接待費を使いまくる。

職人たちは、安い材料で見栄えだけよくすればいいというＨＫハウスのやり方に、自尊心を傷つけられた。

「おかみさん、こりゃあいけねえよ」

今まで職人のいらだちを抑える側に回っていた伸さんまでが、とうとう意見するようになった。

聞けば、施主の追加や変更はどんな小さいことまで報告させ、追加工事として見積もり代金に上乗せする。しかも、その金額が半端な額ではない。ローコストに見せかけて客を釣り、後から追加工事や変更で帳尻を合わせるという阿漕《あこぎ》なやり方なのだ。施主からクレームがついても、契約書を振りかざして慇懃《いんぎん》無礼な態度で押し切ってしまう。

今までは、建物が完成すると、施主が和夫や美智子をはじめ職人たちを招いて慰労会を開いてくれたものだが、鴻池が仕切るようになってからは、そんな誘いはぱったりと途絶えた。長いことかけて築いた信頼やら評判を台無しにするようなやり方に、美智子はとうとう我慢ができなくなった。

「鴻池さん、何か間違っちゃいませんか」

伸さんから聞いた話を持ち出して談判する美智子に、鴻池はしらっとして答えた。

「契約書をちゃんと読んでくださいよ。ＨＫハウスが受注した物件については、すべて本社の規則通りということで、署名捺印されたはずですがね」

「規則や規定って言いますけどね、こんなやり方じゃ、お客様も職人も離れていってしまいますよ」

「そんなことはないでしょう。え、私が来てからの数字をご覧になったでしょう。売り上げも経常利益も三割方伸びてる。これで文句を言われる筋合いはないと思いますがね。まあ、今までが今までしたからね。バランスシートの見方もわからん方が財務を担当されていたんですからねえ」

鴻池は見下したように言い、美智子は悔しさで真っ赤になった。

「お父さん、もう我慢がならない。聞いてくださいよ」

病室に駆け込むなり、このところのトラブルの一切合切《いっさいがっさい》を暴露した。和夫の顔がみるみる紅潮した。

「わかった、俺が行く。行って契約を解除する。車椅子でも松葉杖でも持ってこい」

怒鳴って立ち上がろうとした途端のことだ。

ううむ……といううなり声を上げて、和夫はベッドに倒れ込んだ。脳卒中だった。

集中治療室の横で、美智子は必死に祈った。どうか、命だけは……。

神様は祈りを聞き届けた。しかし、まさに「命だけは」だった。和夫は一命をとりとめたが、廃人同様となり、二度とベッドから起きあがることも、会話らしい会話を交わすこともできない。和夫はそれでも人の言葉はわかるらしく、ときどき何かを話そうと口を動かしたが、言葉にはならない。

和夫の目尻から涙が伝わるのをみて、美智子も一緒に泣いた。

美智子が病院に詰めている間に、鴻池は顧客管理や経理にコンピュータを導入し、パソコンに対応できない旧弊《きゅうへい》な人間は居場所がなくなっていた。美智子もパソコンなど一度も扱ったことがない。金の流れも仕事の流れもそれ以来、さっぱりわからなくなった。

和夫と美智子の役員報酬は会社規定とやらで半分に削減された。昔からの従業員の多くが辞めていき、その度に、人員補充と称してＨＫハウスから社員が派遣されてきた。

岩田工務店は、わずかな間に見知らぬ会社に変わっていた。


「みっちゃん、よく来てくれたわね」

陽子は、見る影もなくやつれた美智子を見て言葉の接《つ》ぎ穂を失った。

美智子もまたすっかり若々しく変身した陽子を見て絶句した。知らない人がみたら、ふたりが同い年とは決して思わないだろう。

ふたりは一瞬のうちに相手の境遇を察した。

「陽ちゃん、その髪……」

「ばっさり切っちゃったのよ。もう着物も着ないしね。どう、おかしい？」

「あんまり若くなっちゃったんでね、違う人かと思ったわよ」

「まあ、入って、入って。狭いところだけど」

陽子に導かれてリビングに入ると、大きな窓いっぱいに煌《きら》めく夏の陽光が差し込んでいた。

「まあ……、海」

「そうなの。すごいでしょ、ここからは横浜港が一望に見渡せるの。これが気に入って買ったのよ、このマンション」

「陽ちゃんがこんなに元気そうで安心したわ。ご主人が亡くなってから、どうしてるかと心配していたんだけど、あたしのほうもいろいろあってねえ」

「知ってるわ。和夫さんの具合はどう？」

「倒れたときは生きてさえいてくれればいいと思っていたんだけど」

美智子は肩を落とした。

「もう、八方ふさがりなのよ。主人の病気も、会社のほうも」

「話して……」

しっかり者の美智子がこんなに弱っている……。胸をつかれた陽子は、思わず姉のように美智子の手を優しくなでた。

和夫の容体はじわじわと悪化するばかりで、回復の望みはほとんどないらしい。

ひとり息子の達也はいったんアメリカから帰国し、岩田工務店を継いでくれるかと期待したが、その気はないという。

「それでもね、達也はHKハウスの本社に行ったり、会社の状況をいろいろ調べてくれたのよ。コンピュータが入ってから、私、会社の状況がどうなっているのか、さっぱりわからなかったから……。達也が言うの。母さんの気持ちはわかるけど、もう元には戻れないよって。僕が継いでも、父さんの時代のような会社にはできないと言うのよ。確かにこのメーカーのやり方には問題があるし、業界でもあまりいい噂を聞かない会社だけれど、法律的にはどうすることもできないって。もう時代が変わったんだと言うの」

「達也さん、アメリカで経営コンサルティング関係の会社に勤めていたんだったわよね」

「ええ。工務店を継ぐために辞めて帰ってきてくれたと思っていたら、休暇をとって帰ってきただけでね。私たちのために会社を辞めて日本に戻る気はないって、はっきり言われてしまったわ。冷たいもんよ、息子なんて。まるで他人のようだっ

「子供はいつまでも子供じゃないわ。そんなこと、みっちゃんだって本当はわかっているくせに」

陽子には言えなかった」

ていたが、美智子はすんでのところで「父さんや母さんを見捨てるのかい」と泣き叫びそうになったのだ。しかし、それはプライドが許さなかった。

美智子はじっと膝に目を落としていたが、

「達也に、最後にこう言われたの。お父さんやお母さんの時代は終わったんだからってね。そのとき、あたし、生きたまま棺桶に入れられたような気がしてねえ。もう生きていても何にもないのよ。ほんとに何にも残っちゃいない、工務店も、子供も、仕事も、お父さんも普通じゃないし。ただ、あんな身体になったあの人を残しては死ねないから生きているだけなのよ、陽ちゃん」

美智子の深い絶望感と疲労感が伝わってきて、陽子は思わず身震いした。

駅まで美智子を見送った陽子は、複雑な想いで家に戻った。

何が不幸で何が幸福かなんてわからないものだ。不幸と幸福は表裏一体のものかもしれない。

夫が倒れたときは「どんなでもいい、とにかく生きていてくれさえすれば」と思ったものだが、廃人となった夫を抱えて生きるほうがもっと辛いのかもしれない。現に私はもう夫のことを忘れて、新しい人生をけっこう楽しんでいる。

陽子が横浜に引っ越してからもう一年。成城の家に比べれば半分にも満たない広さの中古マンションだが、それでも八十平方メートルはある。

世間一般からすれば、ひとり暮らしには十分すぎるほどの広さだし、瀬川大介の妻という立場を離れた生活は予想以上に自由で快適で、独身時代に戻ったようだった。

心配していた債務の整理や相続問題も、夫の会社の顧問弁護士だった安岡と、美智子が紹介してくれた税理士の木村が瀬川の財産と借入金を洗い出してくれ、相続手続き一切を進めてくれた。すでに会社のほうの整理は終わっており、成城の自宅の担保も外れていた。そのほか二、三の収益不動産が陽子名義になっていることもわかった。

夫は何も言わなかったけれど、会社の整理に奔走するなかで、ぬかりなく相続対策も進めていたらしい。

税理士の木村が報告に来て、

「相続税額は五千万円ほどですが、麹町のビルを売却するか、成城のご自宅を売却すれば十分に足りますし、不動産収益から分納することもできます。たぶん、瀬川さんはそれもすべて計算済みだったんでしょうね。キャッシュフローを生むビルは残して、ご自宅を処分されるのが一番よいかと思いますが、後は奥様の考え次第ですよ」と言ったときは、正直言って拍子抜けした。

陽子は財産どころか借金しか残っていないだろうと覚悟していた。そんなときには相続放棄という方法があることを教えてくれたのは、あの美智子なのだ。最悪のことを覚悟した日から、自分は強くなったと思う。

喪が明けると自宅を売って相続税を払い、子供たちにも二千万円ずつ分け、残りでこのマンションを買って、少女時代を過ごした横浜に引っ越した。

娘たちは、父がいなくては何事も決められないとばかり思っていた母が、まるでふっきれたようにどんどん物事を進める様子に目を見張っていた。


美智子からはあの日以来、連絡が途絶えていたが、近所の友だちとの温泉旅行から帰ってきた夜、美智子の夫の訃報が届いた。

陽子はすぐに駆けつけたが、美智子は最後に会った日よりもさらに老い込んでいた。アメリカの長男になかなかとれず、美智子も人が変わったように何もできない状態だったので、大混乱の通夜となった。

しかし、どこから聞きつけたのか、翌々日の葬儀には大層な人数の弔問客が押し寄せた。形ばかりの社葬で終わらせようと考えていた鴻池は、延々と続く弔問の列に驚き、あわててHKハウスの社長の弔辞を本社に要請したほどだ。

和夫と美智子を知る人々はみな、HKハウスと鴻池のやり方を知っていたから、社葬というにはあまりにも貧相な葬儀に腹を立て、葬儀委員長の鴻池には刺すような視線が浴びせかけられた。

かつての美智子であれば、和夫を忍ぶ弔問客の列と、おたおたする鴻池の様子を見て溜飲を下げただろうが、今は何にも心が動かなかった。長い読経が「これで終わった、これで終わった」と繰り返しているように聞こえた。

達也が駆けつけたのは、葬儀の二日後だった。

達也はビジネスライクに当面の処理を済ませると、後は税理士に任せて一週間後にはアメリカに戻った。美智子は達也を引き留めたり、怒ったりする気力さえなくしていた。

そんな美智子に代わって、後処理をしたのは税理士の木村だった。木村は陽子から事情を聞いて駆けつけてくれたのだ。

ＨＫホームは、代表取締役の死去に伴って岩田工務店の全株式を取得すべく動いていた。美智子は腑《ふ》抜《ぬ》けのようになっていたし、和夫が倒れてからは、実質的に経営を握っていたのは鴻池だったから、書類上の操作は簡単だった。会社が和夫にかけていた二億円の生命保険金も、鴻池の指示ですべて会社に入るような手はずを整えていた。

それを阻止したのは木村だった。木村は書類を調べ上げ、ＨＫホーム側の顧問弁護士とのきわどいやり取りを経て、最悪の事態を回避した。

「あなた方の工務店乗っ取りのやり方には、マスコミもさぞかし興味を持つでしょうな」

木村に痛いところを突かれて会社は折れた。

和夫個人の名義になっていた自社ビルと不動産は美智子が引き継ぎ、岩田工務店の株式と退職金を合わせて一億五千万円あまりが美智子に支払われた。

会社の株を手放すことを躊躇《ためら》っていた美智子に、陽子は静かに言った。

「ねえ、みっちゃん、思い出して。学童疎開していたときのことを。一緒に東京へ親を捜しに行こうって歩いて歩いて、でもたどり着けなくて、川のほとりで途方にくれて泣いたわよね。でも、私たち、なんとか乗り越えたじゃない。生きていればまたいいことだってあるわよ。和夫さんと築いた会社は想い出のなかに残して、また歩き出さなけりゃ。ほら、あのとき、みっちゃんが私の手を引っ張ってくれたじゃない。元気出してって。まだ、私たちの人生は終わっちゃいないのよ」

美智子は説得に応じたが、失った気力はなかなか元には戻らなかった。

一日中誰とも会わず、何もせず、ときには何も食べない日もあった。部屋には埃がたまり、丹精して育てていたベランダの草木も枯れてしまったが、もはやどうでもいいことだった。

最初は、元の従業員や取引先の人々が代わる代わる訪ねて来たが、まるで迷惑だとばかりの無愛想な態度に戸惑い、閉口して帰って行った。仲の良かった近所の人々も、会釈ひとつしなくなった美智子から次第に離れていった。

守るべきものを失った美智子には、もはや人間関係など煩わしいとしか思えなかった。お金だってそうだ。使う相手がいなければなんの価値もない。

陽子だけはそんな友人に辛抱強く接した。家政婦を雇い、神経科にも連れて行ったりもしたが、美智子は半年たってもまわりのすべてに関心を失ったままだった。

陽子は一計を案じた。

ある日、バスケットを持って陽子が現れた。

中から、片手で軽々抱き上げられるくらいの白くてふかふかした子犬が顔を出した。

「この子ね。足が悪くて処分されるところだったのよ。私のところはマンションでしょ、犬は飼えないの。しばらく面倒みてちょうだい」

ことわる隙《すき》を与えずに、ドッグフードと食器を置いて陽子はさっさと立ち去った。しばらくして家政婦の涼子が「陽子さんに言われまして」と、ゲージや犬用のトイレなど大荷物を抱えてやってきた。

「まあまあ、可愛い子。奥様、どこにゲージを置きましょうか」

目を細めて子犬に頬ずりしている涼子から目をそらすと、

「ちょっと、涼子さん。なつかせないでちょうだい。明日にでも返しにいくんだから。その荷物、どこにでも勝手に置いておいて」と、自分の部屋にこもってしまった。

翌日も翌々日も陽子に電話をしたが、陽子は捕まらない。

子犬は二、三日でこの家にすっかり慣れ、後足を引きずりながらも美智子のあとをついてまわるようになった。涼子が教えたのか、トイレの場所もすぐ覚えてめったに粗相《そそう》もしない。一度も抱き上げたこともないのに、美智子をボスと決めたらしく、いつも動きを目で追っている。目を合わせないようにしていたが、いつも自分を見ている子犬の視線は感じていた。

最初はうっとうしいだけだったが、姿が見えないとやはり気になる。

飼う気はないが、さりとて捨てることもできないまま、子犬との共同生活が一週間ほど続いた。

その夜、美智子は小さな居そうろうのキュンキュンという鳴き声に起こされた。布団をかぶって無視していたが、とうとう耐えきれなくなって様子を見に行った。居間の電気をつけると、子犬はゲージの入り口に鼻面を押しつけ、美智子に向かってちぎれるほどしっぽを振った。ゲージを開けると不自由な足で懸命に胸元によじ登り、小さな舌でペロペロと美智子のほほを嘗めた。

初めて抱いた子犬の身体のぬくもりと悲しいくらいの軽さに、美智子のなかで何かが弾け、温かい感情が流れ出した。抱きしめずにはいられなかった。

子犬はひとしきり鼻を鳴らして甘えていたが、人のぬくもりに安心したのか、美智子のふところで眠り込んでしまった。

こんなに小さいうちに親や兄弟と離され、知らないところで邪険にされてどんな思いだったろう。夫が死んでから初めて、他人の悲しみや寂しさに心が動いた。美智子の目尻から一筋涙が伝わって膝に落ちた。

それが引き金だった。もう何も見まい、聞くまい、感じまいと固く閉ざしていた心がゆっくりと溶けていく。美智子は長い眠りから覚めたように感じた。腕のなかにある命が自分を求めている。そう思うと、身体の奥から力が湧いてきた。

そのとき美智子は初めて自分という人間を知った。

結局、私は守るべきものを持たなければ生きていけない人間だったんだ。いままで人を助けたり、支えたりしてきたつもりでいたけれど、実は生きる力を与えられていたのは私のほうだったのかもしれない……。

陽子はそれがわかっていたから、腑抜けのようになっていた私をもう一度生かそうと、この子を連れて来てくれたんだろう。


鳥の声が聞こえてきた。

そろそろ夜が明ける。

美智子は子犬の体温を肌に感じながら、感謝の気持ちで、長かった自分の夜が明けるのを待った。

藍

のれん《ブランド》

「藍ちゃんちって、変わってるね」

仲良しのゆかりにそう言われて、自分の家が普通の家とは大分違うらしいと藍が気づいたのは、小学校二年生の春だった。

クラスメートのゆかりは藍の家によく遊びに来ていたし、藍も同じくらいゆかりのマンションに遊びに行ったものだ。

ゆかりの父は鉄鋼会社に勤めている。母は専業主婦で、藍が遊びに行くと、よく手づくりのクッキーやケーキをご馳走してくれた。果物の絵が描かれたすてきなティーカップから立ちのぼる紅茶の香りが、藍はとても好きだ。

レースのカーテンも白いソファもクッションも、ゆかりの家のすべてがハイカラでお洒落に思えた。

藍の家には洋風のものや新しいものはほとんどない。

鎌倉駅の喧噪を抜けて静かな住宅街をしばらく歩き、切り通しを抜けたところにある純和風の家、それが藍の生まれ育ったところだ。

ゆかりはゆかりで、藍の家が珍しくてたまらない。

白い箱のようなマンションで生まれ育ったゆかりには、ダイニングからリビングルームまで全部、畳の部屋という住まいがあること自体が信じられない。それに、迷ってしまいそうなくらい藍の家は広い。

藍の家の庭にはもうひとつ小さな家がある。「お茶室」というのだそうだ。入ってみたいが、藍が「ここだけはだめなの」と言うので、まだ入ったことがない。

庭の奥には蔵もある。ここも探検したいのだが、いつも大きな錠前がおろされている。一体何があるんだろうと興味津々で眺めているのだが、入るのはちょっと怖い感じもする。藍の家は、まるで不思議の国だ。

しかし、「もし、藍ちゃんの家にひとりぼっちで残されたら、とっても怖くて泣き出しちゃいそうだ」と、ゆかりは思う。

大きな庭や廊下の暗がりの向こうに何かが潜んでいるみたいだからだ。

ゆかりが最初に藍の家に遊びに行ったとき、藍のお祖母《ばあ》さまが綺麗な緑色の飲み物を、ご飯茶碗の大きいような器に入れてご馳走してくれた。

子供の手には持て余すような大きな器を、藍は手慣れた様子で手に取ると、すすーっと回し、く、く、くーっと三度で飲み干した。

それがあんまり格好よかったものだから、ゆかりはすっかり見とれてしまった。

口のまわりに緑色の泡をつけた藍に、ゆかりはこっそり聞いた。

「藍ちゃん、これ、なんていう飲み物なの」

藍はきょとんとした顔で答えた。

「おうす」

「お・う・す？」

「うん、おうすっていうの。ゆかりちゃんは飲んだこと、ない？」

「うん、初めて。さっきくるくる回して飲んでたけど、なぜ？」

「なぜって、それが決まりだから」

「ふうーん、決まりなの。誰が決めたの？」

「知らない」

ゆかりは真剣な顔で、藍の真似をして器を回し、く、く、くーっとおうすを飲んだ。ふくよかな香りが口いっぱいに広がった。

「あ、ゆかりちゃん、緑のおひげ」

「藍ちゃんだって」

ふたりは顔を見合わせてくくくっと笑った。


ゆかりが「藍ちゃんちって変わってるね」と言ったのは、こうした生活様式の違いだけを指したのではない。

ゆかりが遊びに行っても、藍のお母さまに会えることは稀だ。お父さまにはまだ一度も会ったことがない。藍の家には優しいお祖母さまと、滅多に顔を出さないちょっと怖そうなお祖父《じい》さまと、百合恵さんというぷくぷく太ったお手伝いの人がいるだけ。

家に帰ればいつも母がいて、父も大体夕食時には帰ってくるゆかりの家庭とは随分違う。

「お父さまとお母さまは、いつも麹町のお店にいるのよ」

「麹町ってどこ？」

「東京都千代田区麹町〇丁目〇番地」

藍は歌うようにすらすらと言った。

「そこにお店があるの。皇居のお堀のそば。私、ひとりで行ったことがある」

小学二年生のゆかりにとっては、東京なんて想像できないくらいに遠いところに感じられる。

「ひとりで東京に行ったなんて、藍ちゃん、すごい」

ゆかりは、おうすのとき以来、藍に一目置いていたが、これを聞いてすっかり感心してしまった。

「藍ちゃんは私の知らない世界に生きている」

と、ゆかりは思った。

藍が、ゆかりのことを羨《うらや》ましく思っていることにはみじんも気づかなかった。

藍の姓は和田、藍の家は創業二百年の和菓子の老舗「和」を営んでいる。「和」と書き、「かず」と読ませる。

麹町の店は、しもた屋風のひっそりしたたたずまいで、知らない人は気づかずに通り過ぎてしまうが、曾祖父の時代から皇室にも献上している。しかし、祖父は一切そうしたことをひけらかそうとはしない。ことわり書きに「宮内庁御用達」などと金文字で麗麗しく書き入れているようなものを見ると、「なげかわしい」と眉をひそめる。

店も麹町の一軒きりで、商品を納めている百貨店も一カ所だけ。百貨店に納める和菓子も三種類だけに限っているものだから、藍の父が季節ごとにつくる創作和菓子を味わいたい客は、わざわざ麹町まで足を運ばなければならない。

藍の父、一之は和菓子職人だ。

もともとは大学を中退してヨーロッパに行き、「ゲイジュツ家」になろうとしていたらしい。藍は「ゲイジュツ家」が何をする人か、よくわからないが、これは和菓子職人のなかでは変わっているのだそうだ。父は、母との結婚を機に和菓子づくりの道に入った。

父のつくる和菓子は伝統的な技法を守りながらも、どこか斬新だった。

「一之は偽悪者だが、腕は確かだ。きっと新しい時代をつくるだろうよ」

と祖父は母に言った。

祖父の目に違《たが》わず、一之のつくる「和」の創作和菓子の評判は年々高まっていった。


四谷の老舗の料亭「梅や」の主人が、何度も鎌倉まで足を運び、「一之さんの創作和菓子をうちの料理の最後に出させてほしい」と祖父に頼み込んだ。

あまりに熱心だったことと、祖父もときどき「梅や」に足を運び、常々食材へのこだわりや、店のたたずまいが大層気に入っていたものだから、

「わかりました。それほどまでにおっしゃっていただけるのでしたら、一年間だけ納めさせていただきましょう。お互いに満足できるようでしたら、もう一年継

続させてもらいましょう」

と答えた。

「梅や」の味と雰囲気に、一之の創作和菓子が加わったことは、食通をひどく喜ばせた。

食通で知られる老作家が、

「久々に身体の隅々で和を味わった思いがする。まことに見事なもてなしであった。最後に食した和菓子には、人の心を遊ばせる趣向があって実に愉快。最近ではホスピタリティなどという横文字が横行しているが、日本古来のもてなしの心がここに脈々と受け継がれている」

と、ある雑誌で激賞したものだから、「梅や」のみならず、「和」まで知られるようになり、職人を増やさなければ追いつかないほど注文が増えた。

雑誌の取材の申し込みも殺到したが、

「ご贔屓《ひいき》のお客様のぶんだけでも精いっぱいですから」と祖父は断ってしまう。

「さすがに『和』だ、マスコミにおもねらない姿勢が潔い」と、贔屓筋の評価は逆に高まった。

「和」という商号は名字の一字を取ったもので、鎌倉の名家、和田家とはなんのつながりもない。しかし、いつの間にか和田家の縁ではないかという、うがった推測が広がり、祖父のマスコミ嫌いと相まって神秘性を高める結果になった。

麹町の店は間口こそ狭いが、奥行きは深い。敷地は百坪ほどもあろうか。店の奥には十人ほどの職人が働く工房と小さな事務室がある。

祖父が鎌倉に引っ込んでからは、父が工房を仕切り、母が経営面を仕切っている。

繁忙期は鎌倉まで帰る時間が惜しいと言って、近くに借りているマンションに泊まり込むことが多い。時には一週間以上も鎌倉に帰らないこともある。

「藍ちゃん、ただいま」

しばらく留守をして帰ってきたときの母は、とても疲れているようだったが、会えなかった時間を埋めるかのように、藍を手元に引き寄せて心ゆくまで話を聞いてくれる。そんなときの優しい母の顔が藍はとても好きだ。毎日会えないから、なおさらに母と過ごす時間がうれしい。

父の顔を見るのはもっと少ない。

帰ってきても、ゆかりの父のようにどこかに連れて行ってくれたり、母のように相手をしてくれたりするわけでもないのだが、いつも見守っていてくれるような感じがする。

鎌倉の家では声を荒げたりすることはない穏やかな父だったが、麹町では人が違ったように厳しい。

「何年いるんだ、そんなこともできないようならとっとと出ていけ」

ちょっとしたことでも手抜きを見つけると、容赦なく一之の雷が落ちる。だから工房にはいつもぴりぴりとした緊張感が漂っていて、藍には近寄りがたい。

古手の職人たちが、自分よりひとまわりも若い一之の叱責に耐えているのは、先代の娘婿だからではない。驚くほど短時間に和菓子づくりの基本を習得し、自分たちには想像もつかないような創作和菓子を次々に生み出す才能に舌を巻いていたからだ。

サラリーマンと違って、職人の世界には年功序列はない。腕の勝負だ。一之は腕一本で、先代からの職人を心服させていた。


しかしながら、一之は経営にはさっぱり興味がなかった。

一之に和菓子づくりの技を教えたのは祖父だったが、その才能を開花させたのは母、知加子の才覚かもしれない。

創作菓子にちなんだ一句をさりげなく添えることも、和菓子を引き立たせるようなつやけしの黒地の菓子折を特注したのも母の発案だ。色とりどりの和菓子が、黒格子のなかにちんまりと行儀よく納まっている様は、まるで宝石箱のように美しい。

「あんまり綺麗だから、箱のままお客さまにお出ししたのよ。好きなものをお選びくださいって。これが大受け。私も鼻高々でしたわ」

と、昔からの常連客が知加子に言った。

大使館からの注文も増えた。パーティーで出したら外国人に大層喜ばれたのだ、という。


母の知加子は、三人兄弟の末っ子である。

兄たちは店を継ぐ気がまったくなかったので、祖父母は美大を卒業して家業を手伝っていた知加子に期待していた。知加子はお雛様に似た穏やかな笑顔で、見事に店を切り盛りしていた。

小さい頃から感受性が強く、美的感覚も優れていたこの末娘を祖父母はとても愛し、いつまでも自分たちのそばにいてほしいと願っていた。

息子たちが店を継ぐ気がないとわかったときは、内心ほっとしたほどだ。

「技は鍛錬すればいずれ身につく。しかし、和菓子に込める心とか、新しいものを生み出す能力というものは生まれもってのものだ。知加子にはそれがある。男だったらさぞかしいい菓子職人になれただろうに惜しいことだ。これ ばかりは巧くいかないものだな」

祖父はよくそう言って、嘆息したものだ。

「あなたが惚れ込むような方が、知加子と結婚してこの店を継いでくれれば一番いいんですけれどねえ」

ふたりは友人知人を通じて、知加子の結婚相手になりそうな腕のいい菓子職人を探しては見合いをさせたが、知加子はさっぱり関心を示さなかった。

和菓子屋といっても相当の資産もあり、売り上げもかなりな額にのぼるので、祖父の時代に株式会社組織にし、祖父母と三人の子供たちが株主になっている。将来のことを考えると、早く跡継ぎを決めておきたかったが、肝心の知加子の心が決まらない。

知加子が二十五歳の秋、転機がきた。

大学時代の仲間と行ったパリで、荷物を置き引きされて途方にくれていたところを、たまたま通りかかった一之に助けられたのだ。

出会った瞬間に、知加子は自分の激しい気持ちにうろたえるほど一之に強く惹かれた。

一之は翌日パリを案内してくれ、ふたりはいくつもの美術館を訪ねた。様々な名画や建築に対する感想を語り合ううちに、互いの感覚が酷似していることに驚いた。離れがたい思いで夜遅くまでパリの街をさまよいながら、互いのことを話した。まるで身体がどこかでつながっていて、無理矢理引き離せば血が噴き出すような気がした。

帰国してからも知加子は一之のことが忘れられず、家出同然のようにしてパリに舞い戻った。一之もまた同じ気持ちで帰国するところだったという。

一ヵ月近くもヨーロッパ各地の美術館を巡り、ふたりは愛を深めていった。一之の部屋で、あるいは安ホテルの部屋で、くすくすと笑い合いながら、互いにこれほど身も心もぴったりの相手に出会えた喜びを確かめ合った。

夢のような一カ月が過ぎて帰国した知加子は、ほどなくして妊娠していることに気づいた。一之はそれを知ると急遽帰国し、鎌倉の家を訪ねて知加子との結婚を申し出た。

祖父母にとっては、まさに晴天の霹靂《へきれき》のような出来事だった。嘆きもし、怒りもしたが、娘のお腹に孫がいると聞いてしぶしぶ結婚を許した。そんな出だしだったが、店に入り、黙々と和菓子の修行を続ける一之の根性とセンスの良さ、まっすぐな気性に、まず祖父が惚れ込んだ。

ふたりの間に藍が生まれると、祖母も孫娘可愛さのあまり、泣いて反対したことなどけろりと忘れ、

「藍はまるで日本人形のようじゃありませんか、目元と鼻筋なんか一之さん似で。それに本当に物覚えがいいんですよ。こんな小さいのに好みがはっきりしていて、綺麗なものを見つけるとじっと目を離さないんですから。きっと天性のものがあるんでしょうねえ。本当に一之さんは天からの授かりものでしたねえ」

と目を細めている。

祖母は藍を可愛がるだけでなく、幼いうちから書道や茶道、生け花、お琴などを教えた。教えたといっても、遊びの延長のようにして上手に親しませていったものだから、幼い藍は祖母の教えを苦もなく吸収していった。

祖母の言うとおり両親から美的センスを受け継いだものか、生け花など、祖母のところに習いに来る弟子たちよりも、隅っこで遊びながら花を生けている藍のほうが素晴らしい出来映えだったりする。

しかし、中学生になると、祖母の教室には顔を出さなくなった。

お稽古ごとよりロックコンサートのほうがずっと心がときめいたし、窮屈な着物よりジーパンとTシャツのほうがカッコいい。お小遣いを貯めてはレコードを買い、自分の部屋は畳の上にカーペットを敷いて洋風のインテリアを真似た。

離れていく藍を悲しげに見ている祖母の視線を痛いほどに感じて、後ろめたく思いながらも、藍にはどうすることもできない。身体中の細胞が西欧の音楽や文化を求めているのだ。

学校では活発な藍が、家ではだんだん無口になっていった。

母だけには、堅苦しい和風の暮らしや伝統に窒息しそうになっている気持ちを率直に打ち明けた。

母は笑って言った。

「わかるわ、その気持ち。お母さんも同じだったから」

藍は救われたような気持ちになった。

高校に入ると美術部に入り、油絵に熱中した。絵を描いていると、食べることも寝ることも忘れてしまう。部屋のカーペットは絵の具でまだらになり、壁は美術雑誌などから切り抜いた絵画の写真や自分の作品で埋め尽くされた。

あるとき祖父が藍の部屋に入ってきて、半時ほど興味深げに部屋のなかを見回していたが、

「こういうものは本物を見なくてはいけない。まず、好きな作家の作品をたくさん見るといい。小品でいいから気に入った作品を買ってごらん」

と言った。

翌日、祖父はかなりまとまった額の小遣いをくれた。

藍は鎌倉の画廊はもちろん、東京まで足をのばして画廊を巡り、やっと一枚の絵を手に入れた。壁からすべての絵や写真を外し、その一枚だけを掛けた。

そのとき祖父の言った「本物」の意味がおぼろげながらわかった。


当然のように、藍は美大に進んだ。

小、中、高校と一緒だったゆかりは外語大に進学したが、休みの日などは一緒にショッピングに出かけることも多い。典型的な鎌倉のお嬢様ファッションのゆかりと、手づくりの奇抜な格好をした藍の組み合わせは人目を引いた。

はっと振り返る人を見ると、ふたりは昔のように目を見合わせて小さく笑った。

「藍、これで今日は三人よ」

「まだまだ……。次は五人を目指すからね」

「もう、藍ったら。これ以上、変な格好するんだったら、一緒に歩いてやらないからね」

「変な格好とは何よ。個性的と言いなさいよ。未来のファッションデザイナーに対して失礼よ」

「少なくとも、私は藍の服は買わないわ」

この日の藍の洋服は、シンプルなワンピースを土台に、三角形に裁断した色とりどりのシフォンの布地を自分で縫いつけたものだ。鮮やかなスカーレット色のタイツを合わせ、靴は足首までのショートブーツ。シフォンの布が風になびいてふわふわと身体のまわりで遊び、日本人形のようにきっぱりと切りそろえた黒髪と好対照をなしている。

藍の興味は、静的な絵画の世界から動的なファッションへと移っていた。

「私ね、美大を辞めて服飾関係の学校に行こうと思ってるの」

喫茶店で、藍はゆかりに打ち明けた。

「えーっ、本気？　せっかく合格したのにもったいないわよ。藍の美大、かなり狭き門じゃない」

「入ってみたらやりたいこと、なかったんだもの。やりたいこともないところでうろうろしてたら、それこそ時間がもったいないわ。実はもう退学届け出しちゃったの」

昔から藍には驚かされてばかりだ。もしかすると藍は本当に有名なファッションデザイナーになるかもしれない。しかし、今日の服はいただけないと、ゆかりは思った。

ゆかりの心を見透かすように、藍が言った。

「ファッションは精神の解放よ、冒険よ。ゆかりもその鎧を脱ぎ捨てなさい。そうすれば違った世界が見えてくるから」

自分の才能を信じて、意気揚々とファッションの世界に飛び込んだ藍だが、世の中はそれほど甘くはなかった。

藍は発想の奇抜さや個性を主張する前に、骨格や生理学や立体裁断などを徹底的に叩き込まれた。すぐにでもデザイン画を描き、創作活動に入れると思っていた藍にはこんな授業は退屈だった。

そのうえ自信満々で提出したデザイン画は、教師から散々にこきおろされた。

すっかり落ち込んでいたある日のこと、深夜まで机に向かってレポートを作成していた藍がふと顔を上げると、そこには、昔、「本物を見よ、本物を手に入れよ」という祖父の助言で買った一枚の絵が見下ろしていた。

初めて手にしたこの絵をかけたとき、部屋の空気さえ変わったように思えたものだ。ああ、ファッションもまた形や技法だけではないのだ、その奥にある魂を知るにはまず本物を徹底的に見てみよう、実際に着てみよう、と思った。

勉強の傍ら、小遣いが続く限りファッションショーに通い、国内外のデザイナーのショップも見て回った。新進デザイナーのアトリエも訪ねた。そして、その中から一番気に入ったデザイナーの店に行って、一番偉そうな人に、「私の服をつくってほしい」と切り出した。

偶然にも店に居合わせたデザイナーは、突然店に飛び込んできた奇妙な女の子に興味を持った。

藍の話を聞くと、

「僕に任せてみないか。君って面白い雰囲気を持ってるからね。君のイメージで一着つくってみよう。気に入らなかったらお金はいらない」

出来上がった服は素晴らしく独創的だった。

しかし、実際に着てみたときにはもっと強い衝撃を受けた。奇抜なデザインのように見えるのに、その服はしっくりと身体になじみ、どんな動きも制限しないのだ。それに実に軽く感じられる。身体のラインを活かしながら、つかず離れず布が遊び、人の動きそのものが流れるように美しく見えた。

なんて浮き浮きする服なんだろう。それに比べれば、今まで得意になってつくっていた自分の服はなんと浅はかなものだったろう。

満足そうに飛び上がって喜んだと思ったら、今度は急にふさぎ込んだ藍を見て、デザイナーが奥から小石と布を持ってきた。そして「包んでごらん」と藍に渡した。

包み方によって、布にはいろいろな表情が生まれた。

「服をつくるのもこれと同じさ。それを包む人間の身体と心についてわからなければ、いい服はできないんだよ」

と言った。

藍はお礼を言って、半年のアルバイトで貯めたお金を渡した。

「今の君にとっては大金だろうけど、もらっておく。君が何かこの服でつかんでくれたとしたら、きっと安いものだったと思うだろうからね。そうなることを楽しみにしているよ。グッドラック、未来のライバルさん」。

その日から藍は謙虚になって基本を懸命に学ぶようになった。

藍がたどろうとしている道は、かつて父が和菓子の世界に入ったときのそれと似ていた。母はそれに気づいて、それとなく有益なアドバイスをしてくれた。祖父も陰で応援してくれた。

やがて、藍の作品は先生たちの目にとまるようになった。

藍の作品が、若手デザイナーの登竜門といわれているS賞にノミネートされたのは、それから二年後のことだった。

ニューヨークでファッションの勉強を続けていた藍が、突然の電話で呼び戻されたのは三十歳のときである。

「母さんの具合がよくないのだ」という父の暗い声が耳について離れない。飛行機のなかでも食べ物が喉を通らなかった。

やっと鎌倉の家にたどり着いた藍を玄関で迎えたのは母だった。少し痩せていたが、元気そうな母を見て、藍は安堵でへなへなと座り込みそうになった。

「お父さんが大袈裟にして、本当にごめんなさいね」と母がすまなそうに言った。

久々に父も揃い、藍の土産話を巡ってにぎやかな夕食をとったあと、父は藍を自室に呼び、母が癌であること、それも助かる見込みは薄いことを告げた。

五年前に祖父が逝き、今度は母が……。

身体は芯から疲れ切っているのに、その夜は一睡もできなかった。

翌朝、「今日からお店を手伝うわ、もちろん、ファッションの勉強も続ける。そろそろ日本で仕事をしたいと思っていたの」と明るく告げる藍に、何も知らない母はいぶかしげな目を向け、父は目でうなずいた。

ニューヨークを引き払い、東京に戻った藍は、言葉どおり母校の研究科でデザインの勉強を続けながら店を手伝い、一年後に母を看取った。

藍はそのあとも鎌倉を離れられなかった。

あれほど気丈で若く見えた祖母が、娘を亡くしたショックですっかり老け込み、介護を必要とするようになったからだ。身のまわりの世話は、お手伝いの百合恵がやってくれたが、祖母はなにくれとなく藍を呼んではとりとめのない話をしたがった。

藍は時間がある限り、祖母の相手をした。

「藍ちゃんが生けてくれた百合、いい香りがするねえ。でも、ちょっとバランスが悪いねえ。ほら、そこをこうしてごらんな。そうそう。ね、すわりがよくなった」頭がはっきりしているときの祖母は、藍が幼かった頃にしたように、生け花や書についていろいろなことを話す。祖母にせがまれて、生け花や書の本を読んで聞かせることもあった。読み終わって祖母を見るとすっかり寝入っていることもしばしばだったが、その内容は藍のなかに雪が積もるように静かに積もっていき、眠っていた和の感性を内から揺り動かした。

新進デザイナーとしてやっと芽が出かかっている大事なときに、自分は何をしているんだろうと焦るときもあったが、

「藍ちゃんが戻ってきてくれて本当に幸せだよ」と、祖母が目を潤ませるのを見ると、またニューヨークに戻るとは言い出せない。祖父と母を立て続けに失った藍にとって、祖母は大切な大切な人だ。

鎌倉の家で祖母と静かな時間を過ごすうちに、競争の激しいニューヨーク生活でささくれだっていた心が、しっとりと潤っていくのを感じた。若い頃、あれほど反発していた和の世界を、いまは素直に受け入れられる。

……深い緑の木々にこだまする鹿威《ししおど》しの音、四季折々に変わる鎌倉の自然、季節を先取りするように、あるいは自然をうつしとるように生ける生け花や着物。墨のふくよかな香りや、ボールペンでは到底でない筆文字の濃淡や微妙なゆらぎ。ニューヨークで数年間を過ごしたからこそ、こんなものが見えてきたのかもしれない。

祖母が喜ぶものだから、母の残した着物を着るようになった。着物がしっくりと身体になじむようになったころ、祖母が他界した。

本当に穏やかな死だった。

その穏やかな死は、「和」の経営を巡る混乱の前兆だった。

「和」の経営から遠ざかっていた伯父たちが口を挟み出したのだ。

五年前に母が逝ったとき、母の株は藍が受け継いでいたから藍も当事者である。店は父の一之が取り仕切っていたが、父は株主ではない。

一之は一族の関係が複雑になることを懸念して、自分が株を持つことを拒否したのだ。

祖母の遺言で、祖母の株は藍が母に代わって代襲相続した。藍の伯父たち、つまり長男が30%、次男が20%、藍が50%を持っている。

和菓子屋といっても会社の総資産は相当なものである。伯父たちは和菓子屋を継ぐ気はまったくなかったが、会社の資産には強く執着した。

「今日、集まってもらったのは今後の和の経営についてだ。一之君は株主ではないが、一応、オブザーバーとして同席してもらった」

会社の顧問弁護士の寺岡と、税理士の木村も交えた親族会議の席で、来年退官を迎える大学教授の伯父がおもむろに口火を切った。

「長男の私としては、藍が店を継ぐのならいままでどおりで文句はない。一之君が支えてくれれば店は安泰だしな。しかし、私たちも株主として、これからは経営面にはタッチしていこうと思っている。まあ、私もこれからは、そのくらいの時間もできる。そこでだ、まず、藍から今後のことについて、意見を聞きたいのだが……」

藍は進退窮まった。少し前にニューヨークの著名なデザイナーズオフィスから、来ないかというオファーが舞い込んだばかりだった。思いもかけないビッグチャンスだった。

そのとき、部屋の隅に座っていた父が口を開いた。

「藍には店を継がせる気はありません。藍には藍の道があります。私もやりたいことがあります。実は、ある会社から買収の話が来ておりました。この話は、お義母《かあ》さんの具合がよくなったら、お義兄《にい》さんたちも交えて相談しようと思っていたのですが……。

知加子が亡くなって、不得意ながら私が経営面もなんとか見てきましたが、ご存じのように私は経営には明るくない。失礼ですが、お義兄さん方にも老舗の和菓子屋の経営はできないと思います。幸いにも店は今のところ順調ですが、これがどこまで続くかはわかりません。ならばいっそ一番高く売れる今、会社を売却してはどうでしょうか。売却した金で相続税を支払い、残りは株主比率で分配するという方法が一番いい選択ではないかと思うのです」

伯父たちはあっけにとられて一之を凝視した。

藍も目を見張った。藍にとって、父がこうした席でこんなに長く話すのも驚きだが、その内容はもっと衝撃的だった。伯父たちも同じ思いだったのだろう。先ほどまでのもったいぶった態度はすっかり消えた。

「し、し、しかし、しかしだね、一之君。こんな重要なことを突然言われてもだね。あまりにも身勝手な話じゃないか。第一、和ののれんはどうなるんだ、え、親父が守ってきた和ののれんは」

しどろもどろになる伯父たちを、一之は完全に抑えていた。

「買収されても、和ののれんは続きます。相手方はこの『のれん』、向こうふうにいうならば『ブランド』とでもいうのでしょうが、それに価値を見いだしているのですから。もちろん麹町の店の不動産も相当なものになりますが、相手の狙いはあくまでも老舗の『のれん』であり、伝統なんですよ。

申し出のあった会社はヨーロッパの会社で、今までも各国のブランドを買収して立派に運営してきた実績があります。私のほうにこの話があったときは、すでにうちの財務面も資産も相当に調べていたようです。

経営には誰か適当な人を送り込んでくるでしょうが、のれんに傷をつけるようなことはしない。向こうにとってそれはなんの得にもなりませんからね。和田一族の手を離れても、和の伝統は生き続けるでしょう。それを誰が継ぐか、誰が経営して守っていくかというのは問題ではないと思うのです」

伯父たちは撫然としていたが、買収金額として提示された金額が十億円と聞くと黙り込み、

「よく考えてまた連絡をするから」

と言って、そそくさと帰っていった。


「お父さん、こんなこといつから考えていたの」

藍は皆が帰ったあと、父に聞いた。

「全部、税理士の木村君の入れ知恵さ。母さんが亡くなってから、和の経営を見るようになっていろいろ力を借りていたのだ。たいした男だ、あれは。

私が店の経営にうんざりしていることを見抜くと、どこをどう図ったのか、どんなルートを使ったのか、この話を持ってきてくれた。さっき向こうの企業もうちのことを調べたといったのは事実だが、実はこちらからも木村君を通じて資料

や帳簿を渡していたのだよ。

伯父さんたちが経営に口を出してくれれば、必ず店はうまくいかなくなる。口ではああは言っていたが、興味は数字だけだからな。お前にも私にもやりたいことがあるし、和ののれんを残しながら八方丸く収める手はこれしかない、と思ったのだ」

「でも、お父さんはどうするの」

父はそれには答えずに、庭に目をやって、

「母さんと二人三脚でやっていたときは実に楽しかったよ。藍、お前も可愛かった。あまり相手にはなってやれなかったがね……」

父の視線の先には、季節外れのモンシロチョウがゆらりゆらりと飛んでいた。

はかなげな母のようだった。

「私も六十を過ぎた。サラリーマンなら定年退職だ。しかしな、木村君に言われたのだよ。人は何度でも生き直せるものだ、その気さえあれば、とね。彼も人生を生き直した経験があるのだろう」

「……」

藍も黙って庭を見つめた。

父はいま、とても重大なことを私に話そうとしている。私の目を見つめては切り出せないことを……。

モンシロチョウは一陣の強い風に吹き飛ばされて、ふたりの視界から消えた。

鹿威しの音がうつろに響いた。

やがて、一之は口を開いた。

「藍は知ってるか。お父さんが若い頃、ヨーロッパを放浪していたことを」

「ええ」

「これが一段落したら、母さんに出会う前の自分に戻ろうと思っている。実は私についてきたいといってくれる人がいるんだ。藍も気づいていたんじゃないか」

藍は力なくうなずいた。父と小柄な女性が寄り添って歩いているのを見たことがある。電話も何回か受けたことがあった。

母以外の人に心を寄せていることに怒りはなかったが、父が去っていくと思うと無性に悲しかった。かつて祖母が、離れていく藍に対して感じたであろう寂しさが今になってわかった。

沈み込んだ藍を励ますように、父は明るい声で言った。

「藍はいくつになる。いい人はいるのか、今までこんなことは聞いたことがなかったが」

「三十五よ。ニューヨークにつき合っている人がいるわ。結婚するかどうかはわからないけれど」

「そうか。結婚なんて形式上の問題だからな。分かち合えるものがあればいいのだよ」

どこからともなく、先ほどのモンシロチョウがひらひらと戻ってきた。

ふたりは無言で眺めていたが、

「この間、山形の蔵王坊平高原というところに行ってきた。ブナ林に囲まれた台地の終わりに仙人沢という深い沢がある。水も緑も実に美しいところだった。そのお清水の森に石碑があった。その石碑には『峠』という詩が刻まれていた。真壁仁という詩人の詩だそうだ。年甲斐もなく胸が熱くなってなあ。書くものを持っていなかったから、何度も何度も読んで覚えてきたのだ」
一之は静かに目を閉じ、一言ひとことを噛みしめるように吟じた。

峠は決定をしいるところだ。
峠には決別のための明るい憂愁が流れている。
峠路をのぼりつめたものは
のしかかってくる天碧に身をさらし
やがてそれを背にする。
風景はそこで綴じあっているが
ひとつをうしなうことなしに
別個の風景にはいってゆけない。
大きな喪失にたえてのみ
あたらしい世界がひらける。

峠にたつとき
すぎ来しみちはなつかしく
ひらけくるみちはたのしい。

その詩は、父の声と一緒に藍の心に染みわたった。
「大きな喪失にたえてのみ、あたらしい世界がひらける……、すぎ来しみちはなつかしく、ひらけくるみちはたのしい……。そうね、きっとそうなのね。わかったわ、お父さん」
一之は目をあけると、心をすくい取るような深い眼差しで藍を見た。

ほどなく、伯父たちから父の提案を受け入れるという返事があり、和は外資系企業の買収に応じた。父はすべての手続きが終わると社長を辞し、パリに飛んだ。空港に見送りに行ったとき、父は小柄で地味な女性を藍に紹介し、晴れやかな笑顔を残して機内に消えた。

藍はニューヨークのデザイナーズオフィスに承諾の返事をし、三週間後に渡米した。

藍の作品はそれ以前のものとは百八十度変わった。

どこかに季節の香り、和の雰囲気が漂っていた。藍の描く線は簡素になり、それでいて出来上がった服には深いニュアンスがあった。着る人が動くたびに新しい表情が加わり、布に対する優しさと人に対する優しさがにじみ出るようになった。

「藍の服にはなんともいえない癒しがある」と、辛口で知られるファッション評論家が才能を認め、藍は将来をもっとも期待される新進デザイナーのひとりとして注目されるようになった。藍のニューヨークでの活躍ぶりは、日本のファッション雑誌にも大きく紹介された。

かつて、なけなしの金をはたいてドレスをオーダーしたデザイナーから、深紅の薔薇の花束とカードが届いた。藍はカードを読んで微笑んだ。

君がきっとここにくると思っていたよ。

君のつくる服には心がある。

君は今や正真正銘の僕のライバルだ。

　追伸　ほうら、あのときの服の代金は安かったろう！


日米のファッションメーカーから、藍のもとにオファーが舞い込んだ。

ブランド名は「ＫＡＺＵ」とした。ニューヨークのソーホーに店を持ち、マンハッタンのコンドミニアムに、アメリカ人のパートナーと二頭のゴールデンリトリバーと暮らしている。

藍はゆかりに葉書を書いた。


元気ですか、ゆかり。

随分回り道をしたけれど、やっと私は私を知りました。

ルーツは祖父と祖母であり、母であり、父であり、ゆかりも知っている鎌倉の家にありました。
私は和で勝負します。

藍

ほどなくしてゆかりから返事が来た。
藍、ＫＡＺＵブランドは日本でも大評判です。
とてもいい感じで、私は好きよ。
いつか「藍が有名なデザイナーになっても、あなたの服は着ないわ」
って言ったけれど、前言撤回。
がんばってね。
それから、私、主人の仕事の関係で一週間後にパリに立ちます。
たぶん三年くらいはパリ暮らしになると思います。
ニューヨーク勤務だったらよかったのにね。
パリの住所を書きますから、

こちらに来たら、ぜひ連絡してください。

ゆかり

ゆかりの手紙が届いてちょうど一ヵ月後、父から短い手紙が届いた。

藍、元気でやっておるか。
先日、お前の友だちの新庄ゆかりさんがご主人と店にみえた。
お前の話を聞いた。
藍という名は、お前のおじいさんがつけたものだが、
「青は藍よりいでて藍より青し」
という中国のことわざから名付けたものだ。
藍はとうとう和の心をつかんで深めたようだな。
名前どおりの娘に育ったことを
母さんも私も誇らしく思っている。

父

藍は手紙を抱きしめた。
うれしいはずなのに、涙が止まらなかった。

藍

特別対談

本郷　尚
太田　三津子

「女の人は、娘、嫁、妻、母という四つの顔で、延べ六回の相続を経験するんです」本郷

「そして、四十代後半から同時多発的に相続の嵐に巻き込まれていくのですね」太田

この本は私が構想をたて、太田さんに協力してもらい、ふたりで一年半の時間を費やしてつくりました。書き足りなかったことを対談として掲載します。

本郷（談）

本郷　尚
（ほんごう　たかし）

1947年、神奈川県横浜市生まれ。
1973年、税理士登録。本郷会計事務所所長、㈱タクトコンサルティング代表取締役を経て、現在、株式会社タクトコンサルティング会長。相続・贈与・事業承継・土地活用・資産組替え・企業M＆Aを中心とした資産税専門のコンサルタントとして相談・実行業務のほか、講演、著作など幅広く活躍中。著書に「守りから攻めへの相続対策実務Q＆A」（共著、ぎょうせい刊）など多数。最新作は「資産税コンサル、一生道半ば」（清文社）。

太田三津子
（おおた　みつこ）

フリージャーナリスト。
1955年、静岡県清水市（現・静岡市）生まれ。青山学院大学経済学部卒業後、住宅新報社に入社。『住宅画報』編集部、『住宅新報』記者を経て、1995年、フリーライターとして独立。専門紙・経済誌を中心に住宅・不動産関係の記事を執筆するかたわら、雑誌や書籍の企画・取材・編集、座談会などの司会・コーディネートも手掛ける。

太田　本郷さんは、お仕事柄たくさんの相続をご覧になっていらしたと思いますけれど、「男」ではなくて、「女」に焦点をあてたのはなぜでしょう。

本郷　世の中で発信されている相続についての情報は、ほとんどが法律とか税金といった外側から見た話。でも、それは表面的なものでして、お客様ととことんつき合っていくと、本当に困っているのは内側の問題なんです。

　例えば、一族や家族の関係だったり、生活のしがらみだったり、その人の生き方などが深く関係してくる。そちらの問題のほうが実は大きいんですね。そして、それらの主役はやっぱり女の人なのです。男には分からない。相続は、女性の人生の後半、つまり四十代後半から亡くなるまでの半生を大きく左右するものなんですよ。これをどう受けとめて、どう乗り切るかによって人生は大きく変わってきます。

　しかも、女の人は、実は一生に四つの顔で相続に立ち会うことになる。

　長男の嫁で考えると分かりやすいんですが、まず、「娘」として実家の両親の相続がある、「嫁」として嫁ぎ先の両親の相続、多くの場合、ご主人が先に亡くなりますから「妻」として夫の相続、最後に「母」として子供たちへの相続がある。つまり、娘、嫁、妻、母の四つの顔で、延べ六回の相続を経験する。

　四十代の後半から、娘として嫁としての相続がほとんど同じ時期に立て続けに起こってきます。

太田　確かにそうですね。早ければ四十代から否応なく同時多発的に起こる相続の嵐に巻き込まれる、しかも、ほとんどの場合、こちらの都合は関係なしに……。

本郷　ええ。生活を変えてしまう要素はそれだけじゃない。相続の前には介護があり、葬儀があり、その後も一回忌、三回忌、七回忌、十三回忌と続く。一族や家族のしがらみが延々と続くわけです。女性の人生の後半は相続抜きには語れない。

太田　若い頃は、人生のドラマというと恋愛、結婚までしかイメージできないものですが、人生の後半を波瀾万丈《はらんばんじょう》にしていくのが相続かもしれませんね。

私も最近、母が急逝して相続の渦中にいるので実感として分かります。相続のノウハウ本を読めば大体の仕組みだけは分かりますが、内側のこと、心のことはそこには書いてありませんものね。

それに一人ひとり状況は違うじゃないですか。私の場合は心の準備がなかったうえに、離れて暮らしていたので分からないことばかり。一体、自分はこれからどこにいくのだろう、どう収拾がつくのだろうと、まだ到達点が見えません。

本郷　相続の起きる前は、一見どの家庭も平穏無事なんです。しかし、一旦、両親なり、ご主人なり、家族の柱が亡くなるといろいろな問題が一気に吹き出してくる。

太田　まさにその通り。柱が倒れ、家が傾いて、ドドドドッと雨も風も吹き込んでくる。

本郷　しかも、そんなとき大黒柱であるはずの男は意外に頼りにならない。介護、葬儀、その後の祭祀の継承、全部女任せ。

太田　そう、仕事に逃げてしまう。

本郷　いつも男の言う台詞《せりふ》ですよ、「俺は仕事が忙しいから……」。

太田　そうそう、「お前、やっとけ」って（笑）

「相続を経て、人生が大きく変わるのは女という感じがします」……太田

「相続は、女性がこれまでのいろいろなしがらみから解放されて、もう一度生き直すチャンスでもあるんですよ」……本郷

本郷　日本人独特のスタイルなのかもしれませんが、早い話、香典ひとつだっていくら出したか、男にはさっぱり分からないし、親せきづき合いのことだって、法事に誰を呼ぶかだって分からない。まして、介護なんていったらお手上げです。だから結局、介護にしろ、葬儀にしろ、親戚関係の気配りなどは全部女の人にかかってくる。

大河ドラマでも、チャンチャンバラバラ戦って、首をとったの、勝ったのというのは確かに利家がやっていますけどね、でも、後ろに控えたまつが家中を抑え、利家の子供を産んでどこへ嫁がせるかなんてことは全部仕切ってる。[※1]

太田　会社で言えば、男は営業部隊。女が人事、財務、総務といったところでしょうか。なかには女性が経営戦略まで握っている場合もある。

その代わり、といってはなんですが、相続で人生観が変わるのは女という感じがします。

※1　平成十四年に放送されたＮＨＫ大河ドラマ「利家とまつ」のこと。

本郷　ええ。肉親が亡くなることは悲しいことですが、別な面から見ると、女性が解放されるという面があります。この話のなかでも、様々な解放がありましたよね。親の介護から解放されたり、実家や家のしがらみから解放されたり、あるいは、ご主人の人生から離れて自立していった人もいる。そして、そのときにかなりな財産がもらえる。

太田　解放と経済的な転換が同時に来るわけですね。

本郷　そうです。

男は相続のときに踏ん切りがつかないというか、ためらいがあったりしますけれど、女の人はスパッと割り切れる人が結構多いんですよ。

例えば、五話めの陽子さん。ご主人が亡くなると自宅を売り、横浜に引っ越して独身生活を楽しんでいる。あるいは最後の話の藍さんは、お母さんとお祖母さんを看取った後、海外に飛び出してしまった。

もちろん吹っ切れない人もいるんですが、女性のほうが吹っ切って次の人生を歩き出すたくましさがある。

太田　二番めの話での宝石をもらった陶子さんもそうかもしれませんね。子供たちには頼らないで、結構楽しげにひとりで暮らしている。

本郷　そう、再出発して、「残さず、頼らず」生きていますよね。相続は、いろいろなしがらみから解放されて、もう一度生き直すチャンスでもあるんです。

太田　ホームドラマだと、浮気や離婚が女の人生の再構築の機会として描かれることが多いですが、実は相続のほうがずっとインパクトは大きいかもしれませんね。第一、浮気や離婚は経済的にはとっても不安定ですよね。

本郷　むしろマイナスでしょうね。でも、相続は違う。

太田　そうですね。女にとって相続がジャンピングボードになるという見方は不謹慎かもしれないけど、確かに、自由とお金の両方を手にして人生を再構築するチャンスかもしれない……。

本郷　時間的にも、肉体的にも、経済的にも解放されるんですからね。

「女の人は相続を経て自我を確立させていく。いわば、人生の主役に戻るわけです」……本郷

「相続を経験するたびに、女性は自分の力やネットワークを確認してパワーアップしていくように思えます」……太田

太田　悲しみを乗り越えた後には、大きなチャンスがあるのだ、と。

本郷　その通りです。ところが男はちょっと違う。男は親からもらったものをひたすら守ろうとする人が結構多い。先祖伝来の土地を減らしてなるものか、みたいにね。男は社会的存在だから周囲の目を気にする。だから、ここに出てくる女の人のように、家屋敷を売り払って別天地で再スタートできる人はほとんどいないです。

女の人は相続を経て自我を確立させていく。今までは○○家の嫁、○○氏の妻、○○ちゃんのお母さんだったのが、傘が外れて自分自身に戻る。いわば人生の主役に戻るわけです。

例えば、最初の話の小夜子さんは、加賀野家のお義母さんに導かれて、一族の総帥として事業欲に目覚める。四話めの昌子さんは、実家は売られてしまうけれど、お母さんの脇役から脱してこの後の人生を主役として生きていくでしょう。デザイナーの藍さんも和菓子屋は売ってしまったけれど、和の精神を引き継いで、ニューヨークで自分の才能を開花させていく。そんな具合に、それぞれやり方は違うけれども、その人なりに自立していきますよね。

それから宝石を相続した陶子さんね、喪中なのにお正月にハワイに行っちゃいますね。不謹慎と言われるかもしれませんが、長い間介護をして、葬儀やら相続やらいろいろあったわけです。やっと悲しみやごたごたから解放されて新しい年を迎えるんだから、「さあ、これから新しい人生、新しい年が始まるんだ。また、頑張ろう」って気持ちで旅行するなんていいんじゃないかと、僕は思いますよ。

太田　夫婦といっても、その頃になると共通の話題がなくなってきているし、愛情も薄れている。同志愛みたいなものがあればまだ救われるけれど、それもないケースもありますよね。それに、ご主人が定年退職する頃には、女はもうしっかり地元に根を張っている。そうなると、むしろいつも家にいる夫が邪魔になる。極論すれば、夫の死という形で解放されない場合は、〝第二の成田離婚〟や〝定年離婚〟ってことになる……。

本郷　第二の成田離婚ってのは、新婚旅行に旅立つ娘なり息子を成田空港で見送って、「はい、さよなら」ってやつですね。

太田　ええ、定年離婚は、定年退職金が入ったのを機会に別れるという形。もしかすると、親から資産を相続したのを機に別れる〝相続離婚〟という形もあるかもしれない。

本郷　別離、再出発という意味ではね。夫と死別するのも、自分の意志で別れるわけではないけれども、自立や再出発のチャンスという点では近いかもしれない。

太田　女は身のまわりのこともできるし、近所に友だちもいる。まだまだパワーがある六十代、七十代の女性にとって、夫の死をきっかけに新しく生きるというのは、さほど後ろめたいものではないみたいです。

その世代の女性たちの会話を聞いていると、「あーら、あなたも旦那が亡くなってしまったの、あ、そう。じゃ今度ゆっくり温泉でも……」みたいな感じ（笑）。悲しみがないわけではないでしょうが、女性のほうがやっぱりドライに割り切れるみたいですね。

本郷　それにね、女の人は相続を経験すると、「意外にうちの旦那はだらしがないんだな」と分かって、自分のパワーを自覚する（笑）。

葬儀ひとつだって、女同士のネットワークの情報があるから、手配やら段取りも男よりよく分かってますからね。

太田　自分は専業主婦で夫に頼るしかないと思っていた人が、「なあんだ、自分にも結構、力があるんじゃないか」と？

本郷　そうそう。昔は、葬儀もご主人なり息子さんの会社ぐるみで手伝いに来たけれど、最近では少なくなりました。そうなるとご近所が頼り。でも地域コミュニティでは男は影が薄いですから、主役はやっぱり女の人。

こんな話があったんですよ。一回忌で、ある料理屋さんで親戚一同が会食をしたんですね。そのとき、「この店、なかなかいい店じゃないか」ってご主人が言ったんですよ。奥さんが後でね、「私、しょっちゅう来てるんだもの、主人が知らないだけ」ってね（笑）。ご主人は、まさか自分の女房がそんな料亭みたいなところで昼飯食っているなんて思ってもいない。

太田　女はランチタイムに一流の店を廻ってますからね。男は接待で夜の店を知っているんでしょうが、最近じゃ接待ないから（笑）。

本郷　それに、男は住んでいる地域にどんな店があるかなんて全然知らない。葬儀のこともそう。恐るべし、女性の情報ネットワークです。

太田　しかも、このネットワークの中には相続を経験した女友だちが必ずいますものね。

本郷　プライベートな互助会組織ができている。「私が受け付けしてあげる」とか、「知り合いに葬儀屋がいるから頼んどいてあげる」とかね、全部リーダーシップを握っているのは女の人です。

太田　実感がこもってますね（笑）。

本郷　自分の実感でもあるし、いろいろなお客様のケースを見ていてもほとんどがそうですよ。

太田　こうした経験を通じて、女性は自分の力やネットワークを確認し、パワーアップしていく。

本郷　半面、男は、今までの肩書き人生ではどうにもならないことを感じ取ってパワーダウンしていく……。

地域のなかでは男はなんのポジションもないから。下手をすると、「○○さんのご主人」となったりしてね。人生後半における大逆転劇ですよ。

それにね、昔は嫁げば実家とは縁が薄くなったけれど、いまは違う。母と娘が連合を組んで、家や慣習や家風を伝承している。

太田　日本は女系家族化してきているようですね。

本郷　そうそう。加賀野家を継いだ小夜子さんが典型的な例。

小夜子さんはお義母さんの佳子さんに見初められて、自分の後継者として徹底的に仕込まれる。佳子さんは嫁には相続権がないことで嫌な思いをしたから、夫を動かして小夜子さんを養女にしてしまうわけです。佳子さんは賢い人だから、息子の技量は見抜いていて、嫁の小夜子さんに家を託す。まったくの女系家族ですね。この手の話は結構あるんですよ。その方が巧くいくし、安全だということがありましてね。

小夜子さんも今時の女性と同様、仕事か結婚か、最初は悩んだ。両方とるときついですから。結果的には家庭を選んだわけですが、そのなかで自分の生きる道というか、生き甲斐を見いだしていく……。

太田　小夜子さんは、まさに家というものを足がかりにして事業家としての道を歩き出そうとしている。もしかしたら、これは女が力を発揮するには大変いい方法かもしれません。

普通の企業の中で女性が野心を実現するには、家庭を犠牲にしない限り無理ですもの。私のまわりを見回しても、バリバリ働いている女性は独身か、子供がいないというケースがほとんど。まだまだ日本の企業は男社会です。

本郷　資産家とか、政治家、そして商売をやっている家などでは、女性の力が発揮できるし、認められるチャンスも多い。企業のなかにいるより、やりようによってはやり甲斐があるかもしれない。

太田　先ほどもおっしゃいましたが、小夜子さんは長男の嫁だけれど、養女になりますよね。

本郷　ええ。養女になることで、一族のなかでの立場が不動のものになった。その代わり、親の介護も、義弟や義妹の面倒を見なけりゃなりませんけどね。昔で言う家督相続です。一方で、小夜子さんは横浜の実のご両親の相続権も持つ。お義母さんは、小夜子さんを名実共に自分の後継者にするために、こうした強固なベースをつくってあげたわけです。

資産家とか政治家とか事業承継をしていく場合には、どこかに権力を集中させておくほうがいい。この場合、出来のいい長男の嫁の小夜子さんを養女にして権力を集中させたのは、お義母さんの巧みな戦略といえるでしょうね。

太田　対外的効果も大きいし、小夜子さん自身のモチベーションも高まる。

本郷　そうです。家や事業を守っていくのには賢い方法です。

太田　そこまで見抜いて戦略を立てたお義母さんの佳子さんはすごい。一見、家に縛られているように見えるけれど、実は権力や財力を操る醍醐味があることを伝授するんですから。

「今の法制度では、親の面倒をみてもみなくても相続には関係ないんですってね。これって不公平じゃありませんか」……太田

「遺言で自分の意思を明確に伝えること、生前

贈与を巧く使うことがポイントですよ」……本郷

本郷 それから四話めの昌子さんは娘としての相続の話ですね。兄貴たちはひ弱なエリートで、結局、近くに住む昌子さんが親の面倒をみることになる。このケースも多い。

太田 今の法制度では、親の面倒をみてもみなくても相続には関係ないんですってね。これって不公平じゃありませんか。面倒をみた人が報われる方法はないのですか。

本郷 確かに民法では誰が面倒をみたかに関係なく、法定相続分は頭割り。介護と相続は切り離されてます。昌子さんの場合、最後にお母さんの預金を昌子さん名義にしたのがせめてもの救いですが、介護が長期化したら、こうした兄弟間の不公平感は必ず出てくる。こうした場合、二つ方法があります。

一つは遺言。遺言には自筆遺言と公正証書遺言がありますが、公正証書の遺言がいいでしょう。

例えば、三人の子供がいる場合、遺言書に「面倒をみてくれた長女に現金三千万円を譲り、それ以外を三分の一ずつ与える」とか、「家屋敷は長女に譲る」とか、書き残しておく。極端な話、「財産はすべて長女に譲る」という遺言も可能です。

ただ、まったくもらえなかったとか、少ない人には遺留分の減殺請求権という権利がありまして、子供が三人いた場合、法廷相続分の三分の一の二分の一、つまり六分の一は要求できます。

もし、昌子さんの場合も、お母さんが遺言書に家を昌子さんに譲り、それ以外の相続財産は三分の一ずつ譲ると書き残しておけば、家も残り、あのような結果にはならなかったかもしれません。遺言を書くというのは、親の意思を伝えるという意味でも大事なことです。

太田　まさに子供たちに贈る最後のメッセージですものね。

本郷　もう一つの方法として、世話になる子に対して、遺言のほかに生前に感謝の気持ちを込めてまとまったお金を贈与するという方法があります。生前に親から子へ直接贈与されれば世話する人も報われますし、最後まで感謝の気持ちで介護することができるでしょう。相続では世話した人が認められないのです。※2 昌子さんはお兄さんに対して、そして、お母さんに対してやりきれない気持ちだったはずです。

太田　生前贈与についてもう少し詳しく話してください。

本郷　平成十五年度の税制改正では、相続税と贈与税を一体化した「相続時精算課税制度（生前贈与）」が導入されました。非課税枠二千五百万円（住宅取得資金は三千五百万円）※3 を認め、超過金額に一律20％課税されます。この生前贈与は、従来の基礎控除百十万円を使った贈与（単純贈与）との選択となりました。これによって贈与の種類が多くなり、生前に贈与することで相続につきものの家族間の争いを事前に回避することが可能になったわけです。詳しくは拙著『生前相続発想を変えれば人生が変わる』（文芸社刊）で、様々な事例を交えて制度の仕組みやメリットをご紹介していますので、ご参考にしていただければと思います。

太田　昌子さんの場合、もう少し早く専門家に相談しておけばよかったですね。

このケースで、もう一つ質問があります。お兄さんたちはお母さんの世話は一切しなかったけれど、その前に随分送金してもらっていましたね。これは生前贈与にならないんでしょうか。

本郷　まとまったお金がドンドンと出ていくと税務署の相続税調査が入ったとき問題となります。金額が大きければ、相続発生時から六年間分くらいさかのぼって相続財産とみなされることがあります。十万円とか二十万円は生活費でいいんですけれども、お母さんの口座から何百万円とか何千万円が引き出されていれば、「それはどうしたんですか」って聞かれます。

太田　昌子さんはお兄さんたちへの送金内容を知っているし、預金通帳でも送金の事実は分かる。相続争いになったとき、それを証明すれば有利になったはずですよね。

本郷　その通りです。

太田　ただ、更に嫌な時間が長引く？

本郷　長引きますね。ただ、そういう場合は、当事者同士ではなくて、専門家に任せて事務的に話を進めたほうがいい。

肉親同士では、傷をえぐり合って取り返しの

※2　平成三十年に相続に関連する民法の規定が改正され、世話をした人が「特別寄与料」を請求できるようになりました。施行は平成三十一年七月一日から。

※3　平成三十年現在、この金額は二千五百万円。

つかないことにもなりかねませんから。昌子さんが「私がお母さんの面倒をみたのよ」と言えば、お兄さんたちは「お前は親の土地に家を建てて得をしているじゃないか、こっちは住宅ローンで大変なんだぞ」となる。これではきりがない。

他人から見れば、思いがけないお金がころがり込むのですから羨ましい限りですが、当人たちはありがたいと思うより、不公平感が先にたってしまう。奪い合うのではなくて、分かち合うという気持ちを持てばもっと皆が幸せになれるのですがね。

太田　考えてみたらタナボタなんですから。

本郷　人間、悲しいかな、「もっともっと」となるんですな。

「アリの世代からキリギリスの世代へ、いまは莫大な資産がシフトする大きな転換期」……本郷

「多様な価値観を認める社会になれば、相続に対する価値観も転換するでしょう」……太田

太田　相続争いって大金持ちの話で、一般庶民には関係ないと思っていましたが、そうでもないようですね。

本郷　これはね、資産の大きさに関係ない。

ちょっと話が大きくなってしまうけれども、戦後、私たちの親の世代は、ちょうど三話めの多美さん夫婦のように、働きに働いて得たお金を使わずに貯め込んだ。不動産の上昇もあって、家と預貯金で一億円くらいの資産がある人は珍しくないんですよ。この世代が貯め込んだ資産が団塊の世代に、いまシフトしている。

親の一億円を兄弟ふたりで受け取るとしたら、単純に考えてひとり五千万円でしょう。退職金より大きいんです。

相続税の基礎控除が五千万円。相続人ひとりにつき一千万円の控除があるから、兄弟姉妹三人で受け継ぐ場合は八千万円までは無税です。[※4]それに、居住用不動産の評価がものすごく低いですから、時価にして一億円くらいあっても、相続税がかからないケースが多いんです。

こんな人って世の中にごまんといるわけですよ。夫婦で、それぞれの親からダブル相続したら大変な額になります。

※4　平成二十七年から相続税の増税が実施され、基礎控除は三千万円、相続人ひとりにつき六百万となり、相続人三人では四千八百万円まで無税となる計算です。

※5　相続税の増税で平成二十七年には8％に上昇しました。

太田　私たちの世代が受け取る側に入ってきているわけですね。

本郷　そうです。実際に相続税を納めるのは亡くなった人のうちの5％[※5]くらいかもしれませんが、一億円前後の資産を持っている人は三割かそこらはいるんじゃないですかね。我々の親の世代は何千万円も資産があるにもかかわらず、年金まで貯金してしまうような世代。それが日本の個人金融資産の多くを占めているわけですが、これが相続で次に移転する。

太田　大きな転換期ですね。

本郷　そう、アリの世代からキリギリスの世代へ、膨大な資産がシフトする転換期です。

太田　価値観も転換するのでしょうね。

本郷　そう。たぶん女の人たちから変わっていくのではないかと、僕はみているんですよ。

太田　相続に際して、自分の本質が見えるような気がします。今までの生き方、自分というものを見つめ直して初めて、人生の次の章をどうめくるかが見えてくる。

ここに出てきた女性たちを見て思ったのですが、次の章をどうめくるかは分からないものですね。しっかりしていた人が意外にもろかったり、弱々しく見えた人が意外にタフだったり……。

本郷　五番めの話に出てくる美智子さんと陽子さんなどは対象的でしたね。

美智子さんは、ご主人と対等の関係で仕事をしてきたしっかり者、陽子さんはどちらかというとご主人に頼るタイプ。しかし、ご主人が亡くなると、しっかりしているように見えた美智子さんのほうが立ち直るまでに随分とかかった。

ただ、ここには詳しく描いてはいませんが、陽子さんもご主人の派手な女性関係やらバブル崩壊で地獄を見たこともあったのですよ。だから腹が据わったのでしょう。

陶子さんの話もね、ダイヤモンドの明るい話の裏には、いろいろな闇の話もあるわけです。ご主人は戦後の闇市からはい上がってきたんですから、そりゃあいろいろあった。陶子さんもやっぱりそれを知っているわけですよ。しかし、そこは蓋をして、ダイヤモンドのエピソードだけを子供や孫に伝えるんですね。

太田　そして、文太郎おじいちゃんは孫娘たちのヒーローになる……。

本郷　ご主人はまさか借金のかたにもらった宝石が、こんなふうに妻や娘や孫娘たちに喜ばれるとは思ってもいなかったでしょうがね。

「エピソードだとか想い出だとか、見えないものも大切な相続財産ですね」……太田

「想い出は奪い合いにならないし、相続税もかからない」……本郷

太田　これは男と女の違いですよ。貸金庫に立ち会った税理士の木村さんも男だから、宝石なんかには目もくれなかった。

本郷　男からみればガラクタに見えちゃいますよ。我々だって、これ、相続税かかるか、かからないか、という目でしか見てないわけですからね。

宝石なんてほとんどがかかりゃしないです。鑑定価格は市価の十分の一以下だもの。税務署も調べない。

太田　私は女だから陶子さんの気持ち、分かるなあ……。

男は名声、権力、財力が満足感のものさし。でも、女の喜びって日常生活のなかにあるんですよ。「あ、ずっと欲しかった珈琲カップが半額になってる」とか、「エステにいって気持ちよかった」とか、ちょっとしたことにあるんです。ましてやダイヤモンドがごろごろ転がり込んできたんだから、舞い上がるのも無理ありません。男と女では幸せのものさしが違うんですね。

本郷　宝石なんて男はさっぱり関心がないけれど、女の人から見るとすごくうれしいみたいですね。

太田　だって、お札をつけて歩くことはできないし、株券をひけらかすわけにもいかないけど、宝石は身につけて楽しめるじゃないですか、こうピカッとね（笑）。

しかも、贈られたというところがミソ。自分では買わないですよ、ダイヤモンド三十個なんて……。もらったからうれしいんです。

本郷　なるほどね。宝石屋さんや毛皮屋さんから聞いたんだけど、最近はお母さんと娘さんと一緒に見に来るんだそうです。お母さんが買うんだけど、いずれ娘さんに譲るものだからってふたりで選ぶんだそうですよ。

ご主人が奥さんに「金婚式にダイヤモンドの指輪を買ってやるぞ」ともらしたら、娘はもちろん孫娘までちゃっかりついて来た……（笑）。

太田　分かる、分かりますよ、その気持ち。そのときの想い出と一緒に、娘や孫たちに受け継がれていくんだから、とってもいいんじゃないですか。相続で贈られるものって不動産や預貯金や債券だけじゃないですね。エピソードだとか想い出だとか、見えないものも大切な相続財産なんですね。

本郷　そうそう。

太田　宝石や毛皮だけじゃなくって、家具や着物や食器の形見分けっていうのもいいかもしれない。いいものを買って楽しんで、自分で使って楽しんで、最後に子供や孫たちに贈って喜ばれるならば、買うとき、使うとき、贈るときで三倍楽しめますもの。

本郷　あるいはね、最近多いのは、おじいちゃん、おばあちゃんが想い出づくりに孫を連れて海外旅行へいくというパターン。スポンサー付きの海外旅行ですからね、それはそれは豪勢なもんですわな。これなんかも「想い出」の相続だね。

太田　想い出は奪い合いにならないし……。

本郷　……相続税もかからない（笑）。

「世代間の違いも浮き彫りになりましたね」
……太田

「孫の世代は『シックスポケット』、曾孫になると『持ち株会社のオーナー』みたいなものです」
……本郷

太田　この話のなかでは、世代間の価値観や生き方の違いも浮き彫りになりましたね。

本郷　ええ。七十代、八十代を第一世代とすると、その典型が多美さんでしょう。陶子さんや陽子さんのご主人もその世代。戦争で死の恐怖、飢餓の恐怖を味わった世代です。会社のため家族のため、アリのように働いて、戦後の経済復興を支えた人たちの物語です。

太田　いわば『プロジェクトX』の世代。男中心の社会ですね。

本郷　でも、この世代は、女の人も一緒になって食べるものも食べず、着るものも着ずに必死に子供を育ててますよ。男女とも貯めることはできても、お金を使えない世代です。

　彼らの子供たちが団塊の世代。この第二世代は親の苦労も知っているし、ハンバーガーをバカバカ食べて育った世代でもない。

太田　確かに私たちの小さい頃は貧しかった。日本中がそうでした。

本郷　貧しかったです。お母さんの手料理を食べて、お父さんやお母さんが夜なべ仕事をしても暮らしを支えているところを見てきた。しかし、一方で戦後の高度経済成長やバブルも体験してきている。だから親の第一世代と違って、第二世代の方たちは消費意欲も旺盛です。

太田　私自身、小さい時には毎日、物が増えていくというか、今年よりも次の年のほうが豊かになっていくのを経験しました。

本郷　日本は年々豊かになっていったし、親の給料は年々上がっていった。やっと冷蔵庫を手に入れて、中身も豊かになって、そのうちに二台目が必要になるっていった具合にね。

太田　そうそう。ご近所の人まで集まって一台の白黒テレビを見ていたのが、一家に一台あるようになって、カラーテレビになって、最後には個室に一台ずつあるようになった……。

本郷　こうしたことを経験している世代が、いま、親の相続に直面している。その子供たち、つまり第三世代はもっとすごいことになります。

太田　それはどういうことですか？

本郷　第三世代は「シックスポケットの世代」。つまり、おじいちゃん、おばあちゃんが四人、それにご両親を合わせて六人の財産が、最終的にはここへ流れ込む。六人のスポンサーを抱えた世代です。それに子供の数は一人か二人ですからね。

多美さんの孫の純一君がその世代ですね。純一君の留学費用には多美さんのお金がかなり入っている。こうした例は珍しくないです。

マンションのモデルルームを見ても、三十代の夫婦が赤ちゃんを連れて見に来ているでしょ。その後ろに親がついているけれど、実はこの親の財産はおじいちゃんやおばあちゃんから譲られたもの。

太田 なるほど。そうすると、第一世代の築いた資産を、第二、第三世代が使っているという構図ですね。そうすると、第四世代、つまり曾孫はもっとすごいことになる。一人っ子が多い……。

本郷 私はこの世代を「持ち株会社のオーナー」と言っているんです。「シックスポケット」の孫同士が結婚して生まれた一粒種ですからね。

それに独身のままとか、離婚してしまったりとかして財産の譲り手がないような叔（伯）父さんや叔（伯）母さんも増えるでしょう。そうした財産がどっとここに集まるわけです。この世代になると、いよいよ相続に対する価値観は大きく変わると思いますね。

話を元に戻しますが、我々第二世代でも随分変わります。親の第一世代と違って「残さず、頼らず」という感覚が強いですからね。

太田 使う楽しさも知っている世代ですものね。それも「モノ」から「コト」に移りつつある。

本郷 そうそう。想い出だったり、感動だったり、見えないものに価値を見いだすようになってきた。第一世代がテレビを見て満足していた世代とすれば、第二世代は自分で体験する世代。例えば、オーロラを見に南極に行く世代。

太田 「人生は一回こっきり。だから楽しもう」って思いがある。言い替えれば、感動のためにお金が使える世代。これをまたその子供たちが見ているわけですから、お金とか家とか、そういったものだけが財産ではないってことは次の世代に伝わるでしょうね。自分がどう生き、どんな喜びや感動があったか、ここに人生の価値を見いだすならば……。

本郷　そう、子供は親の言うことは聞かないけれど、親の生き方は見ている。だから、親たちが兄弟で相続争いをし、墓参りもしないで「兄弟仲良くしなさい」だの、「人間関係が大事だ」なんて言っても駄目。だの、「親を大事にしなさい」自分や子供たちのためにも、どこかで妥協して決めていかないとね。

あまりいい言い方ではないけれど、相続の場面ではそれぞれが「不満だけど円満を装う」ってことがいい相続をする秘訣なんですよ。

太田　言い得て妙ですね。ただ、親や墓は田舎、子供の生活基盤は都会にあるとなると、家を継ぐとか祭祀の継承をするといったことが物理的に難しくなっていますね。夫婦別姓についての議論もされていますし、家族関係、親族関係は変わらざるを得ないのかもしれません。

昌子さんの話で、三人の女性が出てきます。お母さんの敏江さん、実の娘の昌子さん、そして長男の嫁の玲子さん。

敏江さんは、ご主人に裏切られた不満を浪費で解消する。玲子さんは仕事に夢中で、それを邪魔するものは義母でも夫でも切るといった強い女。颯爽と世界に羽ばたいている玲子さんを羨ましく思いながら、やっぱり気の合わない母親の面倒を見続けるのが昌子さん。

この三人を比較すると、若い世代の女性たちは、玲子さんに共感するんじゃないでしょうか。

本郷　どっちがいいとか悪いってことではないけれど、家庭と仕事の両方が難しいのは確かでしょうね。仕事を選ぶのだったら、やはり玲子さんのようになるかもしれません。そこはやはり自分が自分自身の価値観で決断するしかない。

太田 でもね、最近、若い世代を見ていて気になるのは、いままであまり辛抱をしたことがないせいか、仕事も家庭も全部手に入れられると誤解している人が多いことなんです。

端からみれば颯爽と生きているように見える玲子さんだって、仕事のために犠牲にしたものがある。何かを達成するためには、何かを犠牲にする覚悟が必要でしょう。リターンだけじゃなくリスクも見据えて、どれかを選び取ることが人生なんだって最近痛切に感じています。

本郷 経営の世界でも、選択と集中という言葉がキーワードになっていますよね。これってどこか捨てなければいけない、何かを選ばないといけない、あるいは比重のかけ方を変えなければいけないってことです。皆、等しく満足させるということはないわけですね。人生も同じじゃないかな。

玲子さんは颯爽としているけれど、仕事に挫折したら何もかも失ってしまうかもしれない。やっぱりリスクを背負って選択しているんですね。それでも挑戦するというのならそれはそれでいい。

太田 それに、本郷さんがさっきおっしゃったように、子供は親の生き方を見ています。玲子さんの子供たちは、玲子さんと同じように親を切り捨てるかもしれませんね。昌子さんは羽ばたけなくて悶々としているけれど、自分のルーツと家族の絆は確保した。どちらが得をしたとか、どちらが正しいというわけじゃなく、リターンとリスクはどちらにもある。

本郷　ただ、これからの大きな流れは「頼らず残さず」へ向かっていくでしょうね。多分、これからは老後に子供に世話になることは、物理的にも経済的にも無理じゃないか。

半面、ビジネス社会から見れば、介護とか老人福祉が重要なビジネスチャンスになっていく。最後まで自分のライフデザインを描いて実行するシニア層と、それを支援する様々なビジネスが繋がっているという社会の構図が出来てくるのだと思います。

太田　必要は発明の母、ビジネスの種ですものね。

本郷　しかも、いまでは様々な情報がインターネットで探せる。幸い第二世代はパソコンが使えますから、亡くなるまでどのように資産運用していけばいいとか、いいケア付きマンションがどこにあるかとか、様々な選択肢のなかから自分で情報を選びとれるはず。その代わり自己責任ですがね。

太田　団塊の世代くらいから女性の大学進学率が非常に上がりましたし、女の経済力もつきましたから、これからは自己責任で生涯デザインを描ける女性たちが出てくるでしょう。

本郷　そうね。第一世代とは随分意識も環境も違う。第一世代は男が働き、女は家を守るという形。まあ、男は真面目に一生懸命稼いでさえいれば、一応家長としての役割を果たせたし、会社でもそこそこ出世できて幸せになれた。しかし、それはもう第二世代では通用しなくなりつつあります。

これからはお金のために自分が働くんじゃな

く、お金を自分のために働かせなければ金持ちにはなれない時代。つまり資産運用の時代に入っている。先ほども言いましたが、こうしたことに関しては男は意外に疎《うと》い。むしろワイドショーを見ている奥様方のほうが知っている。

太田　ワイドショーは、まだまだ「家計のリストラ」とか「びっくり節約術」のレベルではありますけれどね（笑）。

しかし、相続でまとまったお金を手にすれば、どう運用すれば有利かといったことを専門家に相談したり、勉強したりする時間は女性のほうがあるはず。

本郷　男というのは、やっぱり自分で稼ぐことに夢中ですし、そこに誇りを持ってますから、なかなか頭も価値観も転換できない。

退職しても、元どこどこ会社の部長だったとか、元の肩書きまで言うじゃないですか、もう関係ないのにね。悲しいかな、肩書きとか、社会的なバックボーンがないと不安で生きていけない動物なんですよ。

太田　男は過去も肩書きも捨てられず、女は捨てられる。

本郷　それから男は、子供たちにこれだけのものを残したということを自分の生きていた証にしたいという願望がある。だから使わない。ただ、第三世代は違ってくるでしょう。

「やはり親の生き方を子供たちに後ろ姿で見せることも、相続だろうと思うのです」……本郷

「自己実現の欲求に到達したとき、第一世代から受け継いだ資産がそのために活かされるのかもしれませんね」……太田

太田　藍さんは第三世代ですが、国際化時代の家とか相続の新しい方向性を示していますね。正確に言えば、第二世代のお父さんの決断ですけれども……。「和」という老舗の和菓子屋を外資系企業に売却して、藍さんとお父さんは新しい人生を歩んでいく。しかし、和の精神はしっかりと受け継いでますよね。老舗の暖簾を手放したことを没落と見る人はいるでしょうが、ふたりにとっては一番幸せな道だったと思います。

本郷　没落という見方はちょっと違うと思いますね。確かに店は手放したけれども、外資の経営参加によって「和」のブランドはもっと国内外に広がるかもしれない。それに、ふたりのなかにある和のDNAは受け継がれて一緒に海を渡る。そして藍さんは和の遺伝子をファッション界で開花させる。没落というより、進化、発展ですよ。

太田　和のDNAという見えない財産が引き継がれ、開花した……。

本郷　そう。第一世代は、物とか土地とかお金とか、見えるものを子供に残そうと頑張った。次の世代は、生き方とか、考え方とか、想い出とか、エピソードといった見えない財産を残してほしいなと僕は思いますね。

お金を残すことも結構ですし、「頼らず残さず」とは言ってもぴったり使い切ることはこれはこれで難しい。多分相当残るでしょう。それに、子供が少なければ一人当たりの相続分は増えるわけだし、長男長女でダブル相続するケースも増えますからね。

こうした目に見える財産はともかくとして、

やはり親の生き方を子供たちに後ろ姿で見せることも相続だろうと思うのです。

太田　この間、聞いたんですけれども、先祖代々の土地を守って来た地主さんが、子供から「そんな土地はいらない」と相続放棄されてしまったんですって。その方はお子さんたちに残そうと思って、アパートを建てたり駐車場を管理したりしてやってきたのに、私の一生はなんだったのか、と嘆かれている。

しかし、お子さんからすれば、そんな親の暮らしぶりや価値観を見ていて、地主として生きるのが嫌になったらしいのです。「土地を守る一生なんて嫌だ」と。

本郷　資産家とか大地主といわれる人たちは、これだけ環境が変わっても「土地を守る」という意識からなかなか抜け出せませんからね。この生き方を引き継げといっても無理でしょう。問われるのは、その人の生き方とか、あるいはお金の使い方とか、楽しみ方とか、ひっくるめていうと文化でしょう。文化というのは、三代かからないと築けないといいますからね。

ちょっと特殊な例かもしれませんけれども、こんな方がいます。子供が独立したときにあげるものはあげてしまって、自分の葬式から墓場から全部準備して、葬式のやり方から遺灰の始末まで遺言していった。亡くなるまでの生き方やスタイルを自分自身で決めて、手配して、見事に実行されて生涯を終えられたのです。

僕は、その方の人生を見ていて、本当に格好いいなと思いましたよ。まさに「頼らず残さず」で、残ったお金は寄付して逝ったんです。

第一世代の親から相続を受けた団塊の世代が

次に何をするか。やはり、自分の生き様を見せることなんじゃないかと思いましたね。

太田　見事ですね、「かくありたい」と思います。女も、やはり第一世代、第二世代、第三世代でかなり違う。アメリカの心理学者マズローの欲求段階説じゃありませんが、第一世代は時代的に飢えとか死から逃れたいという生理的欲求の時代、第二世代は豊かな社会に生きていますから、社会的欲求になってくる。最後はやはり自己実現の欲求になるのでしょうね。

そうなったときに、第一世代から受け継いだ資産がそのために活かされるのかもしれませんん。

本郷　自己実現を目指したときに、人まねではない人生、世間の目を気にしない生き方ができる。もっと言うならば、人と違っていることに価値があるんだという価値観が育ってくる。日本人には苦手な部分ですけれどね。

太田　藍さんとお父さんを見ていると、そういったものを感じます。「人生は何度でも生き直せるんだ」という言葉にも勇気づけられました。ふたりは自分の中にあるものを大切にして、自分らしく生きていこうとしています。それによって受け継いだ「和」を世界に広めていった…。

本郷　自分らしく生きるには匿名性の高い場所、つまり都会のほうがやりやすいですね。最近、シニア層の都心回帰が増えていますが、都会が便利だからだけじゃないと思うんだな。やはり刺激があって、隣近所の目を気にしなくて生きていけるところに魅力を感じているんだと思います。

藍さんなんか日本まで飛び出してしまいまし

たからね。過去も、家柄も関係ない世界に飛び出して、自分自身の力を試した。こんな日本人が増えてくると心強いなあ。

太田　お父さんも別な女性を連れてパリに渡りますね。藍さんにも同棲している男性がいると聞いて「別に結婚という形をとらなくても、ふたりが分かち合えるものがあればいいんだよ」と言うじゃありませんか。この世代には珍しいタイプの男性ですね。

本郷　「再婚なんかとんでもない」と、親の再婚に反対する人もいるけれど、高齢社会になれば、再婚やこうした形の連れ合いを認めてもいいんじゃないですかね。相続がややこしくなるというのなら、遺言ではっきりさせておけばいいんです。

そうした意識転換がなかなか進まないのは、日本人がまだどこかに「家」を背負って生きているからだと思いますね。結婚式だって、いまだに何々家、葬式も何々家みたいなところがあるじゃないですか。実態は大きく変わっているのに、形式的にはまだまだ「家」の概念が日本社会に残っている。

ただ、先ほど言ったように、ご主人が亡くなれば独身に戻るんだし、子供が独立していればなおさら自由なんですから、自分らしく再出発してほしいと僕は思いますね。

太田　これも、第二世代の私たちが突き破っていく壁のひとつでしょうね。

本郷　僕はまだそちらの方面の経験は少ないから（笑）。

（了）

著者紹介
本郷　尚（ほんごう　たかし）

税理士
昭和22年　横浜市生まれ
昭和48年　税理士登録
昭和50年　本郷会計事務所開業、現在株式会社タクトコンサルティング会長。
著書に「守りから攻めへの相続対策実務Q＆A」（共著、ぎょうせい刊）、「中小企業のための会社分割の実務と手続き一切」（共著、日本実業出版社刊）など多数。最新作は「資産税コンサル、一生道半ば　タクトコンサルティグの40年」（清文社）

税理士法人タクトコンサルティング
〒100-6216　東京都千代田区丸の内2-1-1 明治安田生命ビル17F
TEL　03-5208-5400（代）　FAX　03-5208-5490
URL=http://www.tactnet.com　　E-mail　info@tactnet.com

【業務内容】

資産活用、組替え、相続対策、事業承継対策、物納、企業の合併・分割など、個人・法人の資産全般に関する相談及び実行業務を中心として、出版事業や情報提供にも力を入れている。

改訂新版《かいていしんぱん》／女《おんな》の相続《そうぞく》　SIX STORIES

2003年5月30日　初 版 発 行
2019年2月15日　改訂新版発行

著　者　本郷《ほんごう》　尚《たかし》 ©

発行所　株式会社《かぶしきかいしゃ》タクトコンサルティング

発売所　株式会社 清文社
東京都千代田区内神田1－6－6（MIFビル）
〒101-0047　電話03(6273)7946　FAX03(3518)0299
大阪市北区天神橋2丁目北2－6（大和南森町ビル）
〒530-0041　電話06(6135)4050　FAX06(6135)4059
URL http://www.skattsei.co.jp/

制作：㈲クリエイト・ジェイ　印刷：上毛印刷㈱

ISBN978-4-433-48479-8